Urban Bacher und Marco Herrmann

Alles eine Frage der Zeit

Urban Bacher und Marco Herrmann

Geldanlage:

ALLES EINE FRAGE DER ZEIT

LANGFRISTIGKEIT ALS FIDUKA PRINZIP

Bibliografische Information der Deutschen Nationalbibliothek

Die Deutsche Nationalbibliothek verzeichnet diese Publikation in der Deutschen Nationalbibliografie; detaillierte bibliografische Daten sind im Internet über http://dnb.d-nb.de abrufbar.

Frankfurter Allgemeine Buch

Frankfurter Allgemeine Buch
Frankenallee 71–81
60327 Frankfurt am Main

Umschlag & Gestaltung: Anabell Krebs
Satz: Nina Hegemann
Titelbild: stock.adobe.com
Druck: CPI books GmbH, Leck
Printed in Germany

1. Auflage
Frankfurt am Main 2022
ISBN 978-3-96251-123-4

Frankfurter Allgemeine Buch hat sich zu einer nachhaltigen Buchproduktion verpflichtet und erwirbt gemeinsam mit den Lieferanten Klimazertifikate zur Kompensation des CO_2-Ausstoßes.

INHALT

VORWORT

„Was ist das größte Risiko eines Menschen?“, fragte eine Unternehmerin ihren Vermögensberater. „Armut im Alter“, war die Antwort des Verwalters. Gewiss ist eine passgenaue Antwort auf diese Gretchenfrage schwierig. Doch jeder weiß: Nach einem Leben harter Arbeit und vielen Jahren voller Entbehrungen ersehnt sich jeder einen gemütlichen Lebensabend ohne Sorgen. Deshalb war die Antwort des Beraters klug. Im Alter sind die Möglichkeiten eines Zuverdienstes oft sehr eingeschränkt oder gar nicht mehr vorhanden. Deshalb ist fast jedermann bestrebt, im Erwerbsleben zu sparen und gut vorzusorgen.

Leider setzen die Deutschen bei der Geldanlage oft aufs falsche Pferd. Sie sparen falsch, vertrauen auf staatliche Systeme und unterschätzen die Zeit. Insgesamt fehlt ihnen die Investmenterfahrung. Dies war der Grund, warum Gottfried Heller und André Kostolany im April 1971, also vor etwas mehr als 50 Jahren, die FIDUKA Depotverwaltung gegründet haben und beide wie Wanderprediger die Vorzüge einer ausgewogenen Investmentstruktur gepriesen haben. Seit Gründung ist es das Hauptanliegen der FIDUKA, das Vermögen ihrer Kunden gut zu diversifizieren. Damit soll das Vermögen nicht nur in guten Händen sein, wenn hohe Zinsen vereinnahmt werden können und die Aktienkurse steigen, sondern gerade auch in Krisenzeiten.

In guten Börsenzeiten muss man sich allenfalls vor der menschlichen Gier schützen. In der Krise ist es anders: Dort muss der Geldexperte die nötige Disziplin aufbringen, seine Emotionen unter Kontrolle halten und seiner langjährigen Erfahrung und Expertise mehr vertrauen als dem Markt. Genug Zeit zu haben ist in dieser Situation das Wichtigste. André Kostolany wusste das. Er zitierte oft Börsianer in Frankfurt mit der Erkenntnis: „Man macht das Geld nicht so sehr mit dem Kopf, sondern mit dem Sitzfleisch." Viel Zeit ist bei der Geldanlage also entscheidend!

Wir haben unser 50-jähriges Firmenjubiläum zum Anlass genommen, um über das Thema „Die Zeit in der Geldanlage" nachzudenken. Durch Bonmots und allgemeine Börsenregeln sowie durch die Erfahrung von Kunden der ersten Stunden wissen wir, dass privater Wohlstand aus einem soliden Kapitalstock, gepaart mit viel Zeit generiert werden kann. Die intensive Auseinandersetzung mit dem Erfolgsfaktor „Zeit“ bestätigt unseren Weg einer konsequenten langfristigen Sachwertorientierung.

Das Geld hängt am Vertrauen, und der Anleger erwartet, dass der Staat den Geldwert garantiert. Doch diese Garantie kann niemand geben, schon gar nicht der Staat. Die Kaufkraft des Geldes hängt von Preisen, Löhnen und weiteren nationalen und internationalen Rahmenbedingungen ab. In einem Gemeinwesen gibt es eine eigene Institution, die die Geldwertstabilität gewährleisten soll – die Zentralbank. Die Länder des Euroblocks haben diese Aufgabe der Europäischen Zentralbank übertragen, die im Schulterschluss mit den anderen Zentralbanken der Industrieländer seit zehn Jahren die Märkte mit billigem Geld flutet und den Zins ins Negative drückt. Der Negativzins ist ein Tabubruch und bedroht Anleger und Banken substanziell, zumal die Ertragsfähigkeit des Geldes bzw. des Geldbetriebs ausgeschaltet wird. Durch den Negativzins kann das Geld nicht mehr als Ertragsquelle dienen, dem Geldeigentümer wird über das abgestimmte Zentralbankverhalten eine öffentliche Last aufgebürdet. Ein schnelles Ende dieser Geldpolitik ist nicht zu erwarten.

Wenn der Zins auf lange Sicht abgeschafft bleibt, kommt Sachwerten wie Immobilien, Gold und Aktien eine wichtige Rolle in der Vermögensbildung zu. Zentrale Bedeutung haben dabei Aktien und Fonds. Unser Buch zeigt, dass die Entwicklung der Aktienmärkte maßgeblich eine Frage der Zeit ist. Diese Erkenntnis gilt nicht nur für die Geldanlage, sondern für das gesamte Leben. Seit jeher beschäftigen sich Philosophen mit der Zeit. Dabei ist die Ausgangslage bei jedem Menschen gleich: Jedem steht nur ein Leben zur Verfügung, jedem Menschen wird Zeit geschenkt. Leonardo da Vincis (1452 bis 1519) Gedanke passt nicht nur wunderbar für das menschliche Leben, sondern auch für die Lösung des Anlageproblems: „Die Zeit verweilt lange genug für denjenigen, der sie nutzen will."

Wir laden Sie ein zu einer Reise in die Grundlagen der Geldanlage und zeigen dabei, was es mit dem Fazit „Alles eine Frage der Zeit“ auf sich hat. Lassen Sie sich überraschen!

Es grüßen Sie herzlich!
Prof. Dr. Urban Bacher
und Marco Herrmann
Geschäftsführer der FIDUKA

01

DIE DEUTSCHEN SPAREN FALSCH

Das Leben fordert uns. „Wir haben keine Zeit“, ist oft zu hören. Wahr ist: Wir haben keine Zeit zu *verlieren*. Die Zeit unseres Lebens ist kostbar. Sie ist vergleichsweise kurz und geht schnell vorüber. Seneca hat schon vor 2.000 Jahren gesagt: „Es ist nicht zu wenig Zeit, die wir haben, sondern es ist zu viel Zeit, die wir nicht nutzen.“

Senecas Erkenntnis wird diesem Buch gewidmet. Bewusst steht diese Einsicht ganz am Anfang dieses Buches, weil sie gerade für die Geldanlage gilt. Die Volksweisheit „Zeit ist Geld“ lügt nicht. Wir zeigen auch, dass es – besser noch – „Zeit macht Geld“ heißen müsste. Um zu einem Vermögen zu kommen, reicht Zeit allein nicht aus. André Kostolany (1906 bis 1999), Börsenlegende und Mitgründer der FIDUKA, skizziert die vier Voraussetzungen einer erfolgreichen Geldanlage in wenigen Schlagwörtern. Angelehnt an Generalfeldmarschall Helmuth von Moltke (1800 bis 1891) steckt er den Rahmen einer erfolgreichen Geldanlage wie folgt ab: „Wie es Moltke für den Krieg bestimmte, braucht es an der Börse die vier G's: Geld, Geduld, Gedanken und Glück. Und wer die ersten drei G's befolgt, der hat früher oder später auch das notwendige Glück." Sein kongenialer Partner Gottfried Heller (*1935) betonte stets, dass die Geduld das wichtigste Kriterium sei. Kostolany lachte bei diesem Hinweis und ergänzte auf seine eigene Art: Dem „zittrigen Anleger" fehle dieses wichtige G. Nur „Hartgesottene" gehörten zu den Gewinnern. „Sie allein sind die überlegenen Anleger."

Die Zeit und die Klassiker Es ist die Eigenart der großen Geister, in ganz wenigen Worten viel auszudrücken. Der Philosoph und Dichter Seneca der Jüngere (etwa 1 v. Chr. bis 65 n. Chr.) arbeitete auf wenigen Seiten heraus, dass die Lebenszeit des Menschen ein hohes Gut ist, vergleichbar mit Geld. Allerdings sei die Zeit materiell nicht greifbar. Kein Wunder sei es also, dass niemand den Wert der Zeit erkenne. In Wirklichkeit sei die Zeit das allerwertvollste Gut der Welt, so Senecas Erkenntnis. Man müsse sie deshalb gewinnbringend anlegen, sorgfältig dem Zeitkonto gutschreiben und jede Zeitverwendung wie eine Geldanlage genau bilanzieren, auf dass sie auch wirklich die berechnete Rendite abwerfe. Seneca verstand das Kaufmännische offenbar sehr gut. Am Höhepunkt seiner politischen Laufbahn war er einer der reichsten Männer des römischen Reiches. Bis heute ist die Zeit knapp. Die Menschen rasen immer mehr, obwohl die Menschheit nie zuvor so viel freie Zeit zur Verfügung hatte. Dabei ist Senecas Erkenntnis nach wie vor richtungsweisend: „Das Leben ist lang, wenn man es recht zu nutzen weiß“ (vita, si uti scias, longa est), und er setzt noch einen drauf: „Nicht weil es schwer ist, wagen wir es nicht, sondern weil wir es nicht wagen, ist es schwer.“ Gotthold E. Lessing (1729 bis 1781) greift die Verbindung von Geld und Zeit auf. Wörtlich heißt es in „Nathan der Weise“: „Der mächtige Mann ist nicht nur knapp an Geld, sondern knapp auch an Zeit." Empfohlen wird, auf sogenannte Zeitdiebe zu achten. Zeitdiebe sind nicht nur langweilige Zeitgenossen oder unnütze Termine, sondern können auch technische Hilfsmittel wie Autos, Fernsehgeräte, Smartphones, Computer, Hochdruckreiniger, Schnellkochtöpfe und anderes sein. Der Philosoph Peter Sloterdijk (*1947) spricht in diesem Zusammenhang von einer „Belästigung der Innovateure".

Quellen: Seneca, Von der Kürze der Zeit, Hamburg 2021; Weinrich, Knappe Zeit, München 2004; Geissler/Geissler, Time is honey, München 2015.

30 gute Jahre für Anleger

Im November 1989 fiel überraschend die Mauer, 1990 gewann Deutschland die Fußball-Weltmeisterschaft. Es gab also viel zu jubeln. Auch am Kapitalmarkt gab es viel zu feiern: Die Wiedervereinigung sorgte für einen Anstieg der Zinsen. Die Renditen für zehnjährige Bundesanleihen stiegen von rund 7% vor dem Mauerfall bis auf 9% in der Spitze im Oktober 1990. Die Folgelasten der Wiedervereinigung im Blick, wollte die Bundesbank die Solidität Deutschlands wahren und hob die Leitzinsen an. Sowohl am kurzen wie am langen Ende gab es für Anleger traumhafte Renditen von 9% und mehr. Kurz darauf folgte die Korrektur. Seit drei Jahrzehnten fallen die Zinsen auf ein nie dagewesenes Niveau von 0% und weniger. Die Gefahr einer Inflation war in dieser Zeit gering, steigende Preise gab es vor allem bei Aktien und Immobilien. Diese „Inflation der Vermögenspreise" geht bisher nicht in den Warenkorb und in die Inflationsmessung ein.

Die gemessene Inflationsrate liegt im Euroraum seit Jahren zwischen 0,5 und 2%. Im Herbst 2021 liegt sie mit 5% weit darüber. Erstmals keimen bei uns und in den USA wieder nennenswerte Inflationsgefahren auf. Die Realzinsen, also die Zinsen nach Inflation, sind tiefrot.

Seit 1999 ist der Euro als Buchgeld platziert, die D-Mark wurde als Bargeld im Jahr 2002 abgeschafft. Kritiker zum Trotz hat sich der Euro gut etabliert, die Finanz- und Eurokrise gut überstanden. Die europäische Währung ist im internationalen Vergleich hart und wertstabil. 2016 kam es zu einem Szenario, das niemand für möglich gehalten hat: Erstmals rutschten die Renditen von Bundesanleihen auf breiter Basis ins Negative. Der Sparer verzichtet auf seine Kaufkraft und wird nicht nur mit Inflation bestraft, sondern erhält mit einem Negativzins direkt eine Klatsche ins Gesicht.

Der vorläufige Tiefpunkt der Zinsen wurde zu Beginn der Pandemie erreicht, als der Zins der 10-jährigen Bundesanleihen mit -0,8 % auf einen historischen Tiefpunkt fiel. Negative Zinsen sind nicht nur in Deutschland ein Thema, sondern auch weltweit zu spüren. Paradox auf den ersten Blick ist es, dass bei fallenden Zinsen Anleihen zumindest für eine Zwischenzeit im Kurs zulegen! Grund hierfür ist, dass, wenn der Marktzins fällt, Altanleihen mit relativ guten Kupons im Kurs vorübergehend steigen. Das Erwachen kommt für den Anleiheninvestor spätestens jedoch bei der Wiederanlage der fälligen Beträge.

In der Rückschau auf die letzten 30 Jahre konnte man mit Anleihen eine gute Rendite erwirtschaften. Gemessen am Index für Bundesanleihen („REX-Performance") errechnet sich für die „gute alte Zeit" im Durchschnitt eine Jahresrendite – vor Inflation – von 5 %.

	Wert am 31.12.2021	Zuwachs insgesamt in %	Rendite in % p.a.
Aktien (Weltindex TR)	128.800	1.188%	9%
Deutsche Aktien (DAX)	106.700	907%	8%
Bundesanleihen (REX)	40.800	308%	5%
Festgelder	24.300	143%	3%
Gold	58.600	486%	6%
Bargeld	10.000	0%	0%
Nachrichtlich die Inflation und deren Wirkung im Euroraum:			
Nominaler Geldwert	10.000	0	0
Realer Geldwert (nach Inflation)	5.900	-41%	-1,7%

Abbildung 1: Was aus 10.000€ nominal in 30 Jahren (12/1991 bis 12/2021) geworden ist (Quelle: Bloomberg)

Noch besser als mit deutschen Staatsanleihen wäre es mit deutschen Standardaktien gelaufen. 8% Rendite pro Jahr konnte der Langfristinvestor mit Aktien erzielen. Damit konnte sich ein Kapitaleinsatz in 30 Jahren fast verzehnfachen. Aus 10.000€ Investitionen in den DAX sind 100.627€ geworden. Noch mehr wären es geworden, wenn der Investor weltweit investiert hätte: Dann hätte er 9% Rendite pro Jahr verbuchen können. Das ist eine Zusatzrendite von 1% pro Jahr. Damit führt der weltweite Investor das langfristige Ranking der Anlageformen mit einem Depotbestand von 132.677 € an! Wer denkt, dass die letzten drei Jahrzehnte ruhig verlaufen sind, irrt gehörig. Als Merkpunkte der äußerst turbulenten Zeiten seien genannt: Dotcom-Blase, 9/11 im Jahr 2001, Finanz- und Eurokrise, Corona-Pandemie. Wichtig für den Anleger ist folgende Erkenntnis: Schlussendlich haben die Krisen der langfristigen Wertentwicklung nicht geschadet.

Unser Zwischenergebnis: Langfristiges Anlegen rechnet sich gerade bei Aktienengagements. Zeit macht hier das Geld! Allzu große Sorgen und hektische Transaktionen sind nicht geboten.

Zeit ist Geld Senecas Erkenntnis, die Zeit zu nutzen und sie anzulegen wie das Geld, griff Benjamin Franklin (1706 bis 1790) auf. Der Verleger, Dichter und Staatsmann trat in seiner Schrift „Ratschlag an den jungen Kaufmann" für mehr Tempo ein. „Time is money" war seine Erfolgsformel für mehr Geld- und Güterwohlstand. „Verschwende weder Zeit noch Geld, sondern mach das Beste aus beidem“, mahnte Franklin. Nicht nur Amerikanern ist das Tempo und die maßlose Suche nach schnellen Chancen zur Triebfeder geworden. Franklin könnte man entgegnen, dass der Mensch nicht allein vom Geld lebt. Familie, Freundschaften und Solidarität könnten auf der Strecke bleiben, wenn nur Geld die Richtung vorgibt, überlegtes und verantwortungsvolles Vorgehen auch. Nach Aristoteles (384 bis 322 v. Chr.) lebt der Mensch allein der Muße willen, und in den Gärten der Muße ist die ökonomische Formel von „Zeit ist Geld“ unbrauchbar. Die Lösung liegt im Finden des richtigen Maßes. In beidem, im Geld und in der Muße, muss jeder seine eigene Mitte finden. Das ist wohl die Kunst des Lebens.

Nullzinsen verringern die Option!

Seit drei Jahrzehnten sinken die Zinsen und sind jetzt unter 0 %. Ein derartig niedriges Niveau gab es noch nie. Exemplarisch für langlaufende Zinspapiere steht die Rendite für zehnjährige Bundesanleihen: Sie sinkt seit

30 Jahren. 1996 ist sie in Deutschland unter die Schwelle von 6% gefallen, 2010 unter 3%, seit 2015 pendelt die Rendite um die Nullmarke, seit Sommer 2019 ist die Rendite von Bundesanleihen negativ (vgl. Abb. 2). Der bisherige Tiefstand für den 10-Jahreszins für Bundesanleihen lag nach dem Ausrufen der weltweiten Pandemie im März 2020 bei minus 0,8%. Seither steigen die Zinsen wieder.

So ist binnen eines Jahres die Rendite der US-Staatsanleihen um einen Prozentpunkt von 0,6% auf 1,6% gestiegen. Auch die deutschen Renditen haben gedreht. Sie sind zwar immer noch im Minus, konnten aber in einem Jahr etwa einen halben Prozentpunkt dazugewinnen. Grund für den Renditeanstieg ist auch, dass die Inflation anspringt und die Wirtschaftsaussichten wieder besser werden. Ein genereller Trendwechsel in Europa ist aber bis auf Weiteres nicht zu erwarten: Dafür ist die Weltwirtschaft noch zu fragil. Und: Die Finanz- und Geldpolitiker der Industrieländer haben überhaupt kein Interesse an hohen Zinsen.

Abbildung 2: Rendite der 10-jährigen Bundesanleihen seit 1996 (Quelle: Bloomberg)

Gewöhnlich wird auf dem kurzfristigen Geldmarkt noch weniger bezahlt als auf dem längerfristigen Kapitalmarkt. Infolge der Finanzkrise senkten die Zentralbanken weltweit ihre Zinsen. Der Geldmarktzins hängt wesentlich vom Leitzins und den weiteren geldpolitischen Instrumenten der Europäischen Zentralbank (EZB) ab. Seit 2015 kennt der europäische Geldmarkt keine positiven Zinsen mehr, seit dem 16.03.2016 verlangt die EZB sogar eine Strafgebühr, wenn Banken bei ihr Geld einlegen. Aktuell beträgt sie

0,5 %. Zur Entlastung der Banken und Sparkassen gibt es seit Herbst 2019 für Kreditinstitute große Freibeträge.

Der Geldmarktzins ist die Referenz für kurzfristige Geldanlagen. Durch die Nullzinspolitik der EZB wurde ein positiver Zins als Benchmark für Festgelder und Spareinlagen faktisch abgeschafft. Die durch den Nullzins ausgelöste Geldschwemme hat gravierende Auswirkungen auf das Sparen bei Banken: Einlagen werden für Banken und Sparkassen zur Last. Statt Zinsen für Kundeneinlagen gutzuschreiben, verlangen Kreditinstitute von ihren Kunden Negativzinsen in Höhe von 0,5 %, meist „Verwahrentgelt" genannt.

Unser Zwischenergebnis: Die weltweit abgestimmte Nullzinspolitik der Zentralbanken verschiebt das Koordinatensystem für Anlageformen und die Anlagekriterien grundlegend. Mit Zinspapieren können nominal wie real keine Wertzuwächse mehr erzielt werden. Da Inflation herrscht, ist der Realzins (Zins nach Inflation und Kosten) bei Geldanlagen seit Jahren negativ.

6 % Steuerzinsen sind verfassungswidrig Mit Urteil vom 8. Juli 2021 hat das Bundesverfassungsgericht entschieden, dass die 6%-ige Verzinsung von Steuernachforderungen und Steuererstattungen verfassungswidrig ist. Seit 50 Jahren werden nach einer Karenzzeit von 15 Monaten steuerliche Nachzahlungen und Erstattungen monatlich fix mit 0,5 % verzinst (= 6 % p. a.). Das Bundesverfassungsgericht misst dem Gesetzgeber bei der Bestimmung des steuerlichen Zinssatzes einen großen Entscheidungsspielraum zu, auch aus Zwecken der Verwaltungsvereinfachung. Jedoch muss der Zinsmaßstab sachgerecht sein, also ein „realitätsgerechter typischer Zinssatz“. Möglich wäre zum Beispiel ein Mischzins von Guthaben- und Kreditzins für Unternehmen und Selbstständige. Zinssätze für Girokonten von Privaten oder Investitions- bzw. Aktienrenditen bleiben bei der Bestimmung des Zinssatzes gewöhnlich außen vor. Der Gesetzgeber hat eine laufende Beobachtungspflicht und muss den Zinssatz anpassen, wenn er für längere Zeit nicht mehr realitätsnah ist. Nach Ausbruch der Finanzkrise im

Jahr 2008 hat sich in Deutschland ein strukturelles Niedrigzinsniveau entwickelt, das nicht mehr Ausdruck üblicher Zinsschwankungen ist und nicht mehr den bisher typischen Fall abbildet. Spätestens seit dem Jahr 2014 hat sich nach Ansicht des Bundesverfassungsgerichts der 6%-ige steuergesetzliche Zins so weit vom tatsächlichen Marktzins entfernt, dass er als „evident realitätsfern" bezeichnet werden kann. Für steuerliche Regelfälle entfaltet dieser hohe Steuersatz eine überschießende Wirkung. Er ist insofern verfassungswidrig. Der Gesetzgeber wurde aufgefordert, den Zinssatz binnen Jahresfrist anzupassen.

Quellen: Bacher, BBK 2021, 200 ff.; Krepold/Herrle, BKR 2018, 89 ff.; Vogel, BKR 2018, 49 ff.; Kirchhof, Geld im Sog von Negativzinsen, München 2021; Heller, Der einfache Weg zum Wohlstand, München 2015, Kapitel I; Heller, Die Revolution der Geldanlage, München 2020, Kapitel 6.

„Finanzielle Repression" ist die Lösung der Finanzminister

Staaten verschulden sich weltweit immer stärker. Die Versuchung, mehr Geld auszugeben, als man einnimmt, ist für Politiker groß. Der Euro-Stabilitätspakt duldet sogar 3% Mehrausgaben über das Bruttoinlandsprodukt (BIP) hinaus! Wenn ein Finanzminister nur ein oder zwei Prozent mehr ausgibt, als er einnimmt, wird er als solider Stabilitätspolitiker gefeiert. Keinem Privatmann und keinem Unternehmen würde man das erlauben! Wer auf Dauer mehr ausgibt, als er einnimmt, würde schnell seine Kreditwürdigkeit und Zahlungsfähigkeit verlieren. Bei Staaten ist das anders: Sie haben das Steuer- und Geldmonopol und mehr Handlungsoptionen als Private. Durch die Nullzinspolitik der Zentralbanken wird das Schuldenmachen für Staaten erleichtert. Trotz höherer Schulden drückt die Zinslast nicht mehr, weil Geld nichts mehr kostet. Bei 0% Zinsen ist die Schuldenhöhe rechnerisch egal. Dies gilt so lange, wie man Schulden nicht tilgen muss oder bis die Zinsen wieder ansteigen und die Zinslast auf die Staatshaushalte drückt.

Das besondere Problem von Staatsschulden Der Zins ist ein wesentliches Instrument der Geld- und Wirtschaftspolitik, weil Geld auch als Kredit vergeben wird. Der ehemalige Bundesverfassungsrichter Paul Kirchhof

(*1943) hat in einer eindrucksvollen Monografie zum Geld im Sog von Negativzinsen dargestellt, dass sich das Recht und die Wirkungsweise des Kredits grundlegend verändern, wenn Kredite an Staaten vergeben werden. Grundsätzlich finanziert sich der Staat durch Steuern, und das wird im Parlament verhandelt und kontrolliert. Der steuerfinanzierte Etat ist „verdient“. Der Bürger weiß, dass beim Fiskus nur das ankommt, was vorher in der Realwirtschaft verdient worden ist (Gegenwartsprinzip). Bei Staatskrediten ist das anders: Zins und Tilgung belasten die ferne Zukunft. Weil der Staat auf die Finanzkraft der Zukunft zugreift, will das Recht den Staatskredit unterbinden, zumindest aber stark begrenzen. Diese Begrenzung gelingt aber schwer, wenn der Preis hierfür ausgeschaltet wird. Ein Negativzins belohnt auf den ersten Blick das staatliche Schuldenmachen und scheint wie ein Geschenk der Gegenwart. Mittlerweile ist in Europa die Kreditfinanzierung gängige Praxis der Staaten. Im Eurosystem wird dieses Prinzip aber zum doppelten Problem: Einerseits kann in einem einheitlichen Währungssystem eine Haftung der Staaten untereinander nicht ausgeschlossen werden, andererseits müssen künftige Generationen für Schulden bezahlen, ohne dafür je eine Leistung erhalten zu haben.

Eine Möglichkeit, den Staatshaushalt zu sanieren, wäre zu sparen. Eine andere, Mehreinnahmen zu erzeugen mittels eines cleveren Steuersystems, die dritte eine Kombination der Ausgaben- und Einnahmenpolitik. Eine kreative Lösung des staatlichen Schuldenproblems stellt das Konzept der „finanziellen Repression“ dar. In diesem Modell senken die Notenbanken den Leitzins, drucken Geld und kaufen Staatsanleihen. Zudem verpflichtet die Finanzaufsicht Banken und Versicherungen zum Halten oder Aufstocken von Staatspapieren. Insgesamt wird dadurch eine Nachfrage nach Zinspapieren geschaffen, die es so unter normalen Umständen nicht geben würde. Auch wird dadurch der Zins künstlich vom Risiko abgekoppelt und unter die Inflationsrate gedrückt.

Für den Staat ist somit die „billige Finanzierung“ auf lange Zeit gesichert. Er kann sich über den negativen Realzins zu Lasten der Sparer und Investoren relativ entschulden. Da die Entschuldung im Verborgenen erfolgt, ist der Schmerz für das Volk gering, ein allgemeiner Aufschrei kaum zu hören. Im Kern wird der Sparer kalt und schleichend enteignet. Schuldner – bei Staatsanleihen ist das der Staat – werden bevorzugt. Nach dem ehemaligen Verfassungsrichter Paul Kirchhof verletzt die Geldpolitik der EZB das Recht auf Privateigentum, die Gleichheit der Geldanleger und die Berufsfreiheit einer Bank. Insgesamt seien Negativzinsen verfassungswidrig und widersprächen dem Europarecht.

Der Wirkungsmechanismus der finanziellen Repression ist einfach: Wächst eine Volkswirtschaft stärker als die öffentliche Zinslast, dann gelingt auf lange Sicht eine Absenkung der Schuldenquote. Entscheidend hierfür sind Zeit und das Zusammenspiel von Wachstum, Inflation, Anleihezins und Haushaltsdefizit.

Die Zeit und die Klassiker „Das Leben ist kurz, die Kunst lang, die Gelegenheit flüchtig, die Erfahrung trügerisch, das Urteil schwierig. Denn man muss nicht nur selber (als Arzt) das Richtige tun, sondern auch dafür sorgen, dass der Kranke, seine Umgebung und die ganzen Umstände dabei mithelfen." Mit diesen Worten legt der Urvater der modernen Medizin, Hippokrates von Kos (etwa 460 bis 370 v. Chr.), das Fundament vieler Erfahrungssätze von der Zeit und den oft zitierten Aphorismus von der Kürze des Lebens und der Länge der Kunst. Der Kunstbegriff von damals ist nicht eng zu verstehen, sondern als Weisheit des Wissens insgesamt. Der deutsche Arzt Christoph W. Hufeland (1762 bis 1836) greift die hippokratische Lebensweisheit in seinem Buch „Makrobiotik oder die Kunst, das menschliche Leben zu verlängern" auf. Seine Ratschläge für ein langes Leben sind nach wie vor modern: sich mäßig und vegetarisch zu ernähren, sich regelmäßig nach den Mahlzeiten die Zähne zu spülen, im Berufe auf alle Vielgeschäftigkeit zu verzichten und vor allem das Rauchen zu unterlassen. Das beste Getränk sei Wasser, und je mehr der Mensch der Natur und ihren Gesetzen treu bleibt, desto länger lebt er. Auch in der Literatur findet Hippokrates Erkenntnisse Einklang, so zum Beispiel in Goethes Faust („Die Kunst ist lang! Und kurz ist unser Leben.“) oder in Schillers Wallenstein („Ernst ist das Leben, heiter ist die Kunst“).

Quellen: Weinrich, Knappe Zeit, München 2004; Geissler/Geissler, Time is honey, München 2015; Hufeland, Makrobiotik oder die Kunst, das menschliche Leben zu verlängern, Berlin 1860.

Zinspapiere können auch Risikopapiere sein

Das Geldgeschäft lebt von Vertrauen und von Rendite. Staatsanleihen waren ursprünglich risikolose Zinspapiere. Daraus sind heute bestenfalls Nullzinsanleihen geworden. Durch das Absinken der Renditen unter die Inflationsrate kann auch bei „guten“ Rentenengagements langfristig das Vermögen real durch Sparen nicht erhalten werden. Viele Deutsche haben damit ein echtes Anlageproblem. Wie lange Investoren das mitmachen, wird sich zeigen.

Überraschenderweise funktioniert dieses Szenario schon über zehn Jahre. Da nicht wenige Staaten konkrete Haushaltsprobleme haben, können Investments in Staatsanleihen ein Risiko darstellen. Das niedrige Zinsniveau betrifft nicht nur Staatsanleihen, sondern auch Bank- und Unternehmensanleihen. Die Renditen aller Anleihen sind in den letzten 30 Jahren stark gefallen. Daher sollten Anleihen vor jedem Kauf genau auf ihre Bonität geprüft werden.

Eine Anleihe ist ein Wertpapier und gibt dem Investor mittels eines Zinskupons ein Recht auf Verzinsung und auf Rückzahlung des Kapitaleinsatzes. Anleihen – auch Rentenpapier, Bonds, festverzinsliches Wertpapier genannt – können nach unterschiedlichen Kriterien eingeteilt werden.

Eine wichtige Einteilung ist die nach dem Emittenten. Deutsche Staatsanleihen (Bundesanleihen) gelten als besonders sicher und als „Richtschnur“ (Benchmark) für Zinspapiere generell. In einer Börsenkrise sind sie der sichere Hafen. Wenn die Aktienkurse ins Bodenlose fallen, bleibt der Kurs von Staatsanleihen in der Regel stabil. Oft steigen dann sogar ihre Kurse. Sie sind damit negativ mit den (fallenden) Aktienkursen korreliert und in einem Portfolio ein guter Risikopuffer.

Für Unternehmensanleihen gilt dieser generelle Zusammenhang nicht, zumal sich in einem Börsencrash die Angst des Marktes auch auf Unternehmensanleihen übertragen kann. Deren Kurse halten gewöhnlich nicht und fallen mit den Kursen der Aktien. Gerade bei Unternehmensanleihen ist die konkrete Bonität entscheidend. Hier bietet sich eine breite Streuung oder der Kauf eines Fonds an, zumal die Gefahr von renditelosen Risikopapieren gerade in diesem Segment nicht von der Hand zu weisen ist. Anleihen von Banken und Sparkassen stehen bezüglich der Sicherheit zwischen den Staats- und Unternehmensanleihen. In der Krise können bei Banken Sicherungssysteme greifen. Im Einzelfall gibt es die Hoffnung, dass der Staat oder die Zentralbank als Retter einspringt.

EZB soll Schulden einfach streichen Als Folge der Corona-Pandemie steigen die Staatsschulden überall stark an. Große Teile dieser Staatsschulden sind in Anleihen verbrieft, die auch die EZB im großen Stil ankauft. Auf diesem Weg werden elegant Schulden finanziert, was es nach den Europäischen Verträgen eigentlich gar nicht geben darf. Einige Experten – vorrangig aus Frankreich – setzen noch einen drauf: Die EZB soll die angekauften Staatsanleihen einfach vernichten, am besten international abgestimmt. Damit wären die Schulden gestrichen, den EU-Staaten elegant geholfen. Die Politik wäre fein raus, der Bürger würde wenig merken.

Unser Anlagetipp: Staatsanleihen haben heute keine Kupons mehr, ihre Rendite ist nahe null oder sogar negativ. In einem Portfolio können sie dennoch sehr liquide Risikopuffer darstellen. Schwieriger ist die Einschätzung von Bank- und Unternehmensanleihen. In deren Segment ist besonders auf die Bonität und Streuung zu achten. Bisher hat sich der Euro als Stabilitätsanker bewiesen. Trotz der bisherigen Erfolge sollten Sie genau auf den geldpolitischen Entscheidungsprozess der EZB achten. Überlegen Sie, ob Sie bei Geldfragen nicht auch „fremdgehen" und teilweise Fremdwährungen (US-

Dollar, Schweizer Franken, Norwegische Kronen oder andere Devisen) beimischen.

Die Zeit und die Klassiker Die Zeit ist eine Sache, die jeden Menschen jeden Tag betrifft. Seit Menschengedenken wird die Zeit intensiv diskutiert. Es wurden Weisheiten über die Zeit geschaffen, die jeder kennt. Doch an der Frage, was Zeit ist, beißen sich die Philosophen bis heute die Zähne aus. Was Zeit ist, wissen wir bis heute nicht. Relativ gut wissen wir in unserer Kultur, wie wir die Zeit messen und bewerten. Max Weber (1864 bis 1920) bewertet zwar „Zeitverschwendung als erste und grundsätzlich größte Todsünde in einer kapitalistischen Welt". Doch was in die Kategorie „verschwendete Zeit" genau fällt, bleibt weiter offen. Und noch eine Erkenntnis: Nicht die Zeit vergeht – wir sind es.

Quellen: Beck/Bacher/Herrmann, Inflation, Frankfurt 2017, S. 130 ff.; Bacher, Bankmanagement, Konstanz 2015, S. 259 ff.; Reinhart/Sbrancia, The Liquidation of Government Debt, Working Paper 16893, Cambridge MA, 2011; Klomfass, Abbau der Verschuldung zu Lasten der Bondinvestoren, in: Kreditwesen 16/2012, S. 819–821; Scheurer (AGI-Studie), Finanzielle Repression und Paradigmenwechsel in der Geldpolitik, 6/2013; Naumer (AGI Studie), Finanzielle Repression, 8/2015; Dt. Bundesbank, Finanzstabilitätsbericht 2020; Kirchhof, Geld im Sog von Negativzinsen, München 2021.

Das Vermögen der Deutschen ist riesig, doch sie sparen falsch

Die Deutschen sind reich. Das Vermögen der privaten Haushalte beläuft sich nach Schätzung der Bundesbank auf mehr als 14 Billionen €. Das entspricht etwa dem Vierfachen des Bruttosozialprodukts. Ob die Deutschen ihr Geld gut anlegen und ihr Vermögen gut diversifiziert haben, wird zu Recht immer wieder in Frage gestellt. Je länger die finanzielle Repression anhält, desto mehr wird sich die Allokation der Vermögensgüter in Richtung Aktien und Immobilien verschieben. Das mag auch ein Hauptgrund sein, warum die Immobilien- und Aktienpreise in den letzten Jahren so stark gestiegen sind.

Die Vermögensaufteilung der Deutschen ist relativ einseitig: Etwa die Hälfte des Vermögens der Deutschen ist in Immobilien gebunden, etwa ein Zehntel in bewegliche Sachgüter wie Autos, Schmuck oder Kunstgegenstände. Etwa sieben Billionen € macht das Geldvermögen aus. Davon sind etwa 40 % Bargeld und Einlagen bei Kreditinstituten, 30 % Ansprüche gegenüber Versicherungen, 20 % Wertpapiere (Anleihen

5%, Aktien 5%, Fonds 10%), 6% Pensionsrückstellungen und 4% Sonstiges. Ergebnis: Das Vermögen der Deutschen ist dominant in den zwei Säulen Immobilien und Geldwerte (Bargeld, Einlagen, Anleihen) gebunden.

Die Zahlen zeigen, dass Deutschland kein Aktienland ist. Im internationalen Vergleich spielen Aktien bei den Deutschen eine nachrangige Rolle. Nicht einmal zehn Prozent des Sparvolumens fließt in Wertpapiere, nur etwa jeder fünfte Deutsche besitzt überhaupt Aktien oder Aktienfonds. Pikant ist auch, dass die Anteile deutscher Aktiengesellschaften überwiegend in ausländischer Hand sind. Außerdem ist das Vermögen sehr ungleich verteilt: 30% der Haushalte haben gar kein Vermögen, 5% der Haushalte halten mehr als die Hälfte des Vermögens. Das Vermögen sitzt vorwiegend in den alten Bundesländern und bei den Senioren. Männer besitzen durchschnittlich 30% mehr als Frauen.

Zu großen Teilen wird das Investmentverhalten von Großeltern und Eltern vererbt. Der Geldexperte Hanno Beck (*1966) sagt, dass die Deutschen ein Leben lang auf Nummer sicher gehen wollten, und in diesem Plan war für Aktien wenig Platz. Als sich eine erste Aktienkultur Ende der 1990er-Jahre entwickelt hat, wurden in der Krise des Neuen Marktes viele Erwartungen enttäuscht. Erfreulich ist, dass in den letzten Jahren wieder ein Trend zur Aktie unter den Deutschen zu erkennen ist, was aufgrund der Niedrigzinsphase nicht verwundert. Gut ist auch, dass gerade junge Erwachsene aufgeschlossen für den Aktienerwerb sind. Doch Menschen verhalten sich oft zyklisch, und wir werden sehen, dass dieser Herdentrieb problematisch ist. So ist der Aktienbesitz Ende der neunziger Jahre zunächst sprunghaft angestiegen. Danach, infolge der Börsenkrisen 2000 und 2008, sind die Zahlen wieder stark gefallen. Insgesamt fehlt bei den politischen Entscheidungsträgern, aber auch in der Bank- und Versicherungswirtschaft und in der breiten Bevölkerung, die Einsicht, dass Aktien das Basisinvestment einer langfristigen Vermögensanlage sein können.

Welche Aktien kaufen? Wenn Aktien das Fundament der langfristigen Vermögensbindung darstellen sollen, steht der Anleger vor der Frage, welche Aktien er konkret kaufen soll. Zum Einstieg bei Aktien empfehlen wir den Kauf eines Aktienkorbs, am besten eines ETF auf einen Aktienindex. Der deutsche Standardindex DAX wurde Anfang 1988 mit 1.000 Indexpunkten aufgelegt und steht heute (31.12.2021) mit 15.900 Punkten sehr gut da. Sein kleinerer Bruder, der MDAX, gleichzeitig mit dem DAX auf die Welt gekommen, hat sich mit 35.000 Indexpunkten noch viel besser entwickelt. Damit ist klar: Einfach den Index kaufen („Indexing") ist keine schlechte Strategie! Das Indexing ist regelbasiert, einfach und transparent sowie mit weniger als 0,3 % Gebühren pro Jahr extrem kostengünstig. Üblicherweise ist ein Index ausbalanciert und hat eine eingebaute Selektions- und Trendautomatik. Gute Titel werden übergewichtet, schlechte untergewichtet oder aussortiert. Die weltweite Benchmark für Aktienengagements ist der Weltindex MSCI World, einer der breitesten Indizes überhaupt. Morgan Stanley hat aus über 1.500 Einzelunternehmen die Aktienwelt aus den Industrieländern kapitalgewichtet nachgebildet. Gestartet ist der MSCI World 1969 mit 100 Indexpunkten, und Ende 2021 stand er bei mehr als 3.200 Punkten. Da der MSCI World ein Kursindex ist, kommen die jährlichen Ausschüttungen (Dividenden und Bezugsrechte) noch hinzu. Der Weltindex deckt über drei Viertel der weltweiten Marktkapitalisierung ab, über die Hälfte seines Wertes machen US-Unternehmen aus. Apple hat mit 3,7 % derzeit das größte Gewicht im Index. Seit etwa zwanzig Jahren gibt es auch den Weltindex mit allen Ländern (MSCI All Countries), also ein Index, der alle Industrie- und Schwellenländer vereint. Investoren versuchen, den Weltindex systemisch zu schlagen, was nur ausnahmsweise gelingen kann. Denn wenn man breit ausbalanciert sein will, kann man nicht besser sein als die Gesamtheit! Dennoch kann man versuchen, die Welt anders zu filtern oder zu gewichten. Als Kriterium dient die Qualität (MSCI World Quality), die Nachhaltigkeit (MSCI World ESG oder SRI) oder die Volatilität (z. B. MSCI World Minimum Vola). Besonders erfolgreich war in der Vergangenheit das Trendfolgekonzept (MSCI World Momentum). Den Weltindex in seinen unterschiedlichen Varianten bieten alle großen ETF-Anbieter an (iShares, Vanguard, Lyxor, Amundi, DB, UBS und andere). ETFs auf die „Welt" – exemplarisches Angebote des Marktführers iShares (BlackRock):

iShares MSCI World (WKN A0H GV0)
iShares MSCI All Country (WKN A1J MDF)
iShares MSCI World ESG (WKN A2P CB4)
iShares MSCI World MinVola (WKN A1J 781)
iShares MSCI World Quality (WKN A12 ATE)
iShares MSCI World Momentum (WKN A12 ATF)

Unser Zwischenergebnis: Die Deutschen sparen einseitig. Deutsche setzen bei ihrem Vermögen auf Immobilien, ihr Auto und auf Geldwerte. Anlageformen wie Aktien und Gold werden vernachlässigt. Eine ausgeprägte Aktienkultur hat Deutschland nicht.

Quellen: Dt. Bundesbank, Geldpolitik und Bankgeschäft, in: Monatsbericht der BB 8/ 2020, S. 30 ff., 44; Deutsches Aktieninstitut DAI, Deutschland und die Aktie, DAI-Studie 2021; Heller, Die Revolution der Geldanlage, 2020, Kap. 3 und 6; Heller, Der einfache Weg zum Wohlstand, 2015, Kapitel III 3; Bacher, Bankmanagement, 2015, S. 224 ff.

02

SACHWERTE IN DEN MITTELPUNKT RÜCKEN

Da Zinspapiere derzeit keinen Zins erwirtschaften und als Geldwert voll der Inflation unterliegen, liegt es nahe, den Fokus der Geldanlage jenseits der eigenen Immobilie in Richtung Sachwerte zu legen. Gerade für die Deutschen ist diese Erkenntnis wichtig: Sie sparen gerne, aber viel zu einseitig. Das Investieren in Sachwerte ist das Gebot der Zeit.

Die Besonderheit der Sachwerte Gold, Aktien, Immobilien sind folgende: Gold ist seit Jahrtausenden Tauschmittel und als „Urgeld" ein allgemein anerkannter Wertspeicher. Gold ist knapp, schuldenlos und schwer zu fälschen. Aber Gold hat nicht nur Vorteile. So ist Gold nicht produktiv und wirft keinen laufenden Ertrag ab. Auch schwankt der Goldpreis stark, und dominante Marktpartner am Goldmarkt sind die Zentralbanken. Für die Vermögensverwaltung ist folgender (positiver) Aspekt wichtig: In einem Portfolio ist Gold ein wichtiger Risikopuffer, da sich der Goldpreis oft unabhängig zu den Preisen vieler anderer Anlageformen entwickelt. In einem Börsencrash bleibt der Goldpreis meist stabil. Oft steigt er sogar, während die Kurse von Aktien und Unternehmensanleihen stark fallen.

Immobilien sind einzigartig und von der Definition her „unbeweglich“, die jeweilige Erwerbsart vielfältig, ihre Erhaltung bzw. Verwaltung aufwendig. Die Preise von Immobilien hängen von der Nachfrage und den Nutzungsmöglichkeiten ab, ebenso von den steuerlichen Anreizen, dem jeweiligen Zinsniveau und der demografischen Entwicklung vor Ort. Die Kosten eines Immobilienerwerbs sind enorm und umfassen die Grunderwerbssteuer sowie die Kosten für Makler, Grundschulden, Notar und Grundbucheintragungen. Hinzu kommen laufende Lasten wie Grundsteuer, Versicherungen und weitere Neben- und Verwaltungskosten. Je nach Nutzung und Einzelfall werden langfristig positive Nettorenditen erzielt. Zu beachten ist, dass der Wert einer Immobilie stark schwanken kann und entscheidend von der Lage des Grundstücks, dem Mietverhalten und der Gesetzeslage abhängt. Seit Jahren steigen die Grundstücks- und Baupreise. Diese Überhitzung des Immobilienmarktes veranlasste die Bundesbank schon zu mehreren Warnmeldungen.

Zum Aktienmarkt und zu den anderen Anlageformen bestehen insgesamt wenige Korrelationen. Insofern eignen sich Immobilien gut für eine Diversifikation. Da Investitionen in Immobilien ein beachtliches Kapitalvolumen binden, ist für die allermeisten Anleger eine Diversifikation in mehrere Objekte schwierig. Unweigerlich trägt fast jede Immobilie die Gefahr, zum Klumpenrisiko eines Investors zu werden. Neben dem direkten Immobilienerwerb ist auch der indirekte Erwerb über Immobilienaktien oder über Fonds möglich. Aus rechtlicher Sicht ist die Unterscheidung in offene und geschlossene Immobilienfonds sehr wichtig. Für offene Immobilienfonds, die als Wertpapier verbrieft sind, gibt es Haltefristen mit Freibeträgen für die Rückgabe von Anteilen. Bei geschlossenen Fonds bestehen rechtliche, steuerliche und kaufmännische Besonderheiten, die eine besondere Vorsicht beim Erwerb gebieten.

Das Motiv, in das eigene Zuhause zu investieren, ist nicht verkehrt. In den eigenen Wänden wird viel erlebt, oft ist es die Keimzelle der Familie. Man spart die Miete, dafür muss man gewöhnlich lange Zeit auf viel verzichten. In anderen Worten: Mit dem Hausbau wird der Verzicht geübt und die Bodenhaftung und das Verantwortungsgefühl gestärkt. Gut finanziert, sind die Schulden für das Eigenheim hoffentlich mit Eintritt in die Rente abbezahlt, sodass man endlich frei von Zins- und Tilgungslasten ist und nur noch die Neben- und Erhaltungskosten schultern muss. In diesem Sinn ist ein eigenes Zuhause eine sinntragende und gute Investition.

Aktien verbriefen Eigentumsrechte an einem Unternehmen. Ihre Kurse schwanken stark, viel stärker als die Kurse von Anleihen. Das ist seit Langem nicht nur empirisch feststellbar, sondern auch aus der ökonomischen Theorie erklärbar: Die Aktienrendite enthält eine Risikoprämie für das übernommene unternehmerische Risiko und entspricht daher folgender Regel: „Höhere Renditeerwartung aufgrund der höheren Risikobereitschaft.“ Florieren die Unternehmensgeschäfte, steigt rechnerisch auch der Wert des jeweiligen Unternehmens. Bei börsennotierten Unternehmen besteht damit die Chance auf Kursgewinne.

Aktien werden häufig in Indizes zusammengefasst, die die durchschnittliche Entwicklung einer Börse, eines Landes oder einer Branche darstellen. Der Index vereinfacht die Beobachtung von Börsen, weil er Informationen zusammenfasst und verdichtet. Der jeweilige Index ist dabei Indikator für das Marktgeschehen und hat eine wichtige Image- und Benchmarkfunktion. Seit mehr als zwanzig Jahren kann man Indizes kostengünstig über Fonds oder Zertifikate kaufen.

Der älteste Aktienindex der Welt ist der Dow Jones Industrial Average Index (DJIA), benannt nach dessen Gründern Charles Dow und Edward Jones. Es ist preisgewichtet und repräsentiert 30 der größten US-Unternehmen. Der Dow Jones wurde 1884, also vor 138 Jahren, mit 41 Indexpunkten aufgelegt. Wer damals 41 US-$ investierte, verfügte Ende 2021 über etwa 36.300 US-$ zuzüglich den Dividenden, die in Amerika gewöhnlich jedes Quartal ausbezahlt werden. Im Jahr 1988 hat die Deutsche Börse den Deutschen Aktienindex DAX geschaffen.

Der DAX – ein besonderer Index Der DAX hat weltweit die Besonderheit, dass Bezugsrechte und Dividenden mit in die Indexberechnung einberechnet werden und er damit ein Performanceindex ist. Anfang 1988 wurde der DAX mit 1.000 Punkten indexiert. Ende September 2021 lag der DAX bei 15.200 Punkten. Wir sehen daran, dass die Wertentwicklung des DAX sehr erfreulich ist (etwa 8 % Prozent pro Jahr) und weit über den Renditen von Anleihen liegt. In den ersten zehn Jahren hat der DAX sich verfünffacht, es brauchte aber weitere 20 Jahre für die nächste Verdoppelung. Die Wertentwicklung ist damit höchst unterschiedlich und verläuft keineswegs linear.

Man kann Anleihen oder Aktien direkt oder indirekt über Zertifikate oder Fonds erwerben. Zertifikate oder Fonds sind keine eigenständigen Anlageformen, sondern Instrumente für das Investieren, eine Art „Verpackung“ für Anlageformen. Da sich in diesen Verpackungen Gebühren verstecken oder Anlagestrategien konstruieren lassen, sind diese Produktformen im Markt weit verbreitet. Bei jedem Produkt ist eine genaue Prüfung wichtig.

Ein Zertifikat ist eine börsenfähige Schuldverschreibung, deren Wert von der Wertentwicklung eines anderen Finanzproduktes abhängt. In der Regel wird ein Zertifikat als unverzinste Anleihe konstruiert, dem die Wertentwicklung eines Basiswertes (Aktie, Aktienindex, Zinssatz etc.) zugrunde liegt. Herausgeber (Emittent) eines Zertifikats ist gewöhnlich eine Bank, die ein Emittentenrisiko besitzt. Investmentanteile sind Anteilscheine an Sondervermögen, das von Kapitalverwaltungsgesellschaften abgesondert vom eigenen Vermögen gebildet und verwaltet wird. Damit wird ein Emittentenrisiko ausgeschlossen.

Investmentfonds gibt es für Aktien, Anleihen, Immobilien und in gemischten Anlageformen. Vorteile von Investmentfonds sind deren eingebaute Risikostreuung, ihre Transparenz und die Möglichkeit, Kleinstbeträge einmalig oder mittels eines Sparplans anzulegen. Nachteil von Investmentfonds sind die hohen Kosten. So fällt beim Kauf oft ein Ausgabeaufschlag an. Zudem wird das Fondsvermögen jährlich mit Verwaltungsgebühren und weiteren Kosten belastet. Schnell summieren sich 2% Gebühren p. a., was direkt auf die Rendite drückt.

Im Jahr 1975 gründete John Bogle mit Vanguard 500 den ersten börsengehandelten Fonds (Exchange Traded Fund, ETF), der transparent und kostengünstig den amerikanischen Aktienmarkt (S&P-500) nachbildet. Mitte 2000 hat die Deutsche Börse mit dem Handelsplatz Xetra, kurz für Exchange Electronic Trading, ein vollelektronisches Marktsegment für börsengehandelte Fonds eingerichtet, auf dem heute mehr als 1.000 ETFs gelistet sind. Vorteile von ETFs sind ihre einfache Handelbarkeit über die Börse, ihre sehr geringen Kosten und ihre Transparenz.

Unser Anlagetipp: Aufgrund der eingebauten Risikostreuung eignen sich Investmentfonds gut für die Geldanlage. Es ist jedoch auf die Kostenbelastung zu achten. Besonders einfach und kostengünstig ist der Einsatz von ETFs. Zurückhaltung ist beim Erwerb von Zertifikaten geboten.

Aktien füllen das magische Dreieck gut aus

Der Umgang mit dem Kapital wird in einem anerkannten Modell, dem sogenannten Magischen Dreieck, dargestellt. Das Modell fußt auf den drei wichtigen Anlagezielen Rendite, Sicherheit und Liquidität.

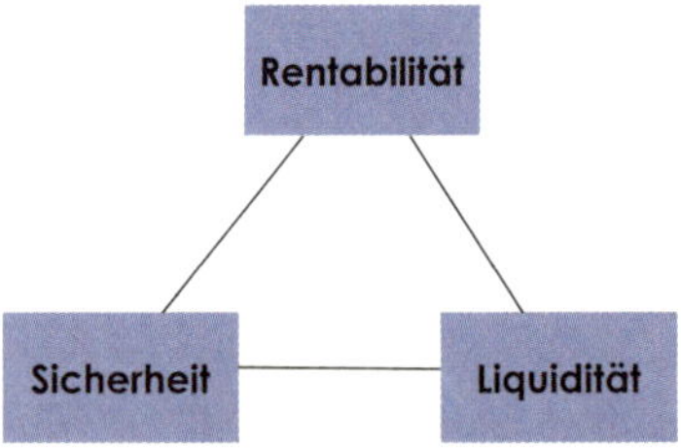

Abbildung 3: Das Magische Dreieck der Geldanlage

Meist stehen diese drei Anlageziele in einem Spannungsverhältnis zueinander. In der Regel gibt es negative Wechselbeziehungen. So sind Rendite und Risiko eng miteinander verbunden und zwei Seiten einer Medaille. Grundsätzlich gilt: hohe Rendite, hohes Risiko, z. B. bei einem heißen Aktientipp oder bei einer riskanten Unternehmensanleihe. Anlageformen mit hoher Liquidität, wie sie das Bargeld verkörpert, erzielen keine Rendite.

Eine Geldanlage, die alle drei Kriterien bestmöglich erfüllt, gibt es nicht. Eine genaue wissenschaftliche Quantifizierung der Ziele ist nicht möglich, zumal die Skalierung schwierig ist und sich der Erfolg einer Anlageform erst in der Zukunft zeigt. Für eine Optimierung ist die individuelle Lebenssituation, die Anlagedauer und die Prioritätensetzung entscheidend.

Rendite: Um die Ertragskraft verschiedener Anlageformen direkt vergleichen zu können, wählt man die Rendite. Die Rendite einer Investition ist der Gewinn, bezogen auf das eingesetzte Kapital. Das Anlegerkriterium Rendite zielt also auf den künftigen finanziellen Erfolg eines Investments. Die Erfolgsquellen sind dabei vielfältig: Zins, Dividenden und Kursgewinne. Die Rendite (vor oder nach Steuern) ist das prozentuale Ergebnis der Gesamterträge einer Periode in Bezug zum eingesetzten Kapital minus der Kosten.

Risiko: Die Sicherheit einer Anlageform zielt auf den Erhalt des Kapitalstamms und richtet sich nach den Risiken einer Anlageform. Der Anleger versucht in dieser zentralen Zieldimension, größere Risiken zu vermeiden. Das Sicherheitsziel ist im Kern also ein Risikovermeidungsziel. „Risiko“ kann als negative Zielverfehlung definiert werden, umgekehrt spricht man bei positiven Abweichungen von einer „Chance“. Das Eintreten einer unerwünschten Erwartung ist also ein Risiko, das materiell zu einem Verlust führen kann.

Eine genaue Bestimmung des Risikos ist schwierig. Alle Anlageformen unterliegen ökonomischen und politischen Rahmendaten und somit laufenden Veränderungen. Ein Gewinn (Chance) oder ein Wertverlust (Risiko) kann weder der Höhe noch dem Zeitpunkt nach sicher kalkuliert werden (Prognoserisiko). In besonderer Weise gilt das für börsennotierte Aktien. Aktienpreise hängen maßgeblich am Geschäftsmodell und an der Marktstimmung, wobei sich dieses Setting rasch ändern kann. In anderen Worten: Eine Aktie lebt von Parametern, die sich schnell verändern können. Schon eine kleine Variation eines Parameters kann eine Neujustierung bedingen.

Bei Wertpapieren bildet sich das Risiko gewöhnlich im Kurs ab. Zur Berechnung des Risikos werden bei Wertpapieren üblicherweise die Kursschwankungen herangezogen und daraus die Volatilität ermittelt. Die Volatilität misst also die Sprunghaftigkeit eines Investments. Sie zeigt an, wie stark der Kurs eines Wertes schwankt. Es gilt: Je höher die Volatilität, desto risikoreicher ist die Anlageform. In normalen Börsenphasen beträgt die Volatilität von Standardaktien etwa 15 bis 20 %. Die Volatilität als Risikomaß erntet zum Teil auch Kritik, weil man Kursschwankungen nicht unbedingt mit Risiko gleichsetzen kann. Anleger nehmen die positiven Abweichungen nach oben gerne mit, während sie allenfalls die Ausschläge nach unten fürchten. Im Kern ist Risiko nur der Umgang mit Verlusten, also die endgültige Abweichung nach unten (Downside Risk). Das Verlustrisiko besteht darin, dass sich der Kurs nicht mehr erholt. In anderen Worten: Das Auf und Ab der Börse verursacht zunächst einmal nur neutrale Schwankungen. Das Risiko im eigentlichen Sinne ist erst der unwiderrufliche Verlust eines Investments.

Liquidität: Das Anlegerkriterium Liquidität zielt auf die Verfügbarkeit der Anlage. Hierbei geht es um die Frage, wie schnell ein Anleger die Möglichkeit hat, ein Investment wieder in Bargeld umzuwandeln. Weniger liquide Anlageformen sind z. B. langfristige Bankeinlagen und Immobilien. Sehr liquide sind börsengehandelte Wertpapiere, zumal es eine Hauptaufgabe der Börse ist, eine hohe Liquidität im Markt darzustellen. Die höchste Form der Liquidität hat das Bargeld.

Diskutiert werden weitere zentrale Anlageziele. Für Anleger mit hoher Steuerbelastung kann die Steueroptimierung von Bedeutung sein. Steueroptimierung ist kein eigenständiges Anlageziel, sondern ein Unterziel der Rendite. Das gleiche gilt für die Kosten –

einmalige Kosten der Anschaffung bzw. des Verkaufs und die laufenden Kosten. Ein weiteres Ziel kann der Aufwand sein, der mit einer Anlageform verbunden ist, invers also die Bequemlichkeit. Das Kriterium „Convenience" ist eine Frage der Verwaltungs- und Bewirtschaftungsbequemlichkeit. Bankprodukte wie Sichteinlagen und Wertpapiere sind für den Anleger gewöhnlich bequem: Die Bank führt für den Anleger die Konten, bewertet laufend die Anlageform und erstellt für das Finanzamt die steuerlichen Belege, üblicherweise wird sogar die Steuer direkt abgeführt. Der Anleger kann sich zurücklehnen und muss sich um wenig kümmern. Immobilien verursachen hingegen viel Verwaltungsaufwand. Der Aufwand rund um eine Anlageform kann zwar delegiert werden, doch fallen in diesem Fall Kosten an. Die Convenience ist wie die Steueroptimierung insofern ein Unterziel der Rendite.

Ein anderer Aspekt kann die Nachhaltigkeit einer Anlageform sein. Beim nachhaltigen Investieren geht es um die sogenannten ESG-Kriterien, also um die Umwelt (Environmental), Soziales (Social) und gute Unternehmensführung (Governance). Über die ESG-Kriterien soll Gutes vom Schlechten getrennt werden. Auch wenn die Ziele hehr sind, leidet der nachhaltige Investmentansatz bis heute an einer ungenauen Definition und unterliegt keinem einheitlichen Auswahl- und Bewertungsverfahren. Dennoch: Die ESG-Kriterien werden einen Wettbewerb innerhalb einer Anlageform auslösen und Druck auf Emittenten und auf das Anlageverhalten in Richtung Nachhaltigkeit ausüben.

Erstes Grobmuster zur Bewertung einer Anlageform

Eine wissenschaftliche Quantifizierung der Anlageziele ist nicht möglich. Notwendig dafür wäre eine Skalierung und Gewichtung der Kriterien, was individuell sehr unterschiedlich sein kann. Auch wären für eine Berechnung verlässliche Prognosedaten künftiger Risiken und Renditen erforderlich, die es so nicht gibt. Freilich können aus der Erfahrung grobe Muster abgeleitet werden, die sich für eine erste Einschätzung eignen (vgl. Abb. 4).

Bewertung ausgewählter Anlageformen	Sicherheit	Liquidität	Rendite
Girokonto	hoch	sehr hoch	derzeit keine
Spar- und Festgeld	hoch	hoch	derzeit keine
Anleihen (Bund)	sehr hoch	sehr hoch	derzeit keine
Anleihen (Unternehmen)	mittel	mittel	derzeit gering
Einzelaktien	gering	hoch	hoch
Aktienfonds/ETF (langfristig)	mittel	hoch	hoch
Immobilie (Mietshaus)	mittel/hoch	niedrig	mittel/hoch

Abbildung 4: Beispielhafte Ersteinschätzung von Anlageformen (Stand 9/2021)

Quellen: Bafin, Onlinebroschüre „Grundregeln der Geldanlage", Bonn/Frankfurt 2019; Beike/Schütz, Finanznachrichten, Stuttgart 2015, 348 ff.; Steiner u. a., Wertpapiermanagement, Stuttgart 2017, 2.1.1; Bacher/Herrmann, Lege nicht alle Eier in einen Korb, Frankfurt 2021, 22 ff., 78 ff.; Bacher, Bankmanagement, Konstanz 2015, 202 und 238 ff.; Heller, Die Revolution der Geldanlage, 2020, Kap. 6; Heller, Der einfache Weg zum Wohlstand, 2015, Kapitel III.

Die Zentralbanken schleifen das Sparen

Die Deutschen sparen gerne und halten ihr Geld zusammen. Gewöhnlich spart die Bevölkerung mehr als 10 % des Einkommens, im ersten Jahr der Corona-Pandemie waren es sogar mehr als 20 %. Wer spart, konsumiert oder investiert nicht, sondern gibt seine Kaufkraft einem anderen. Der Sparer geht in der Regel Bonitäts- und Inflationsrisiken ein und wird deshalb mit Zinsen belohnt. Zinsen in Höhe oberhalb der Inflationsrate gleichen üblicherweise die Interessenlagen von Gläubiger und Schuldner aus. Seit Menschengedenken war es so. Seit mehreren Jahren ist es anders: Negativzinsen bestrafen den Sparer und bevorzugen den Schuldner. Die Zentralbanken haben den Geldmarktzins ins Negative gedreht und drücken mit ihren enormen Anleihekäufen auch den Kapitalmarktzins.

Damit werden die Regeln auf den Kopf gestellt. Wer Geld aufnimmt, wird belohnt, Sparen und Vorsorgen mit Zinspapieren ist nicht mehr sinnvoll. Wenn die Inflationsraten weiter steigen, freuen sich die Schuldner, während die Sparer aufgrund des Kaufkraftverlustes verlieren. Je mehr und je länger sie sparen, desto größer ist ihr Schaden. In einfachen Worten: Der Negativzins und die Inflation sind die Hölle der Sparer und das Paradies der Schuldner. Die größten Geldgeber, die Vorsorgesysteme (Versicherungen, Rentensysteme, Versorgungswerke), leiden massiv in der zinslosen Zeit, ebenso unsere Banken und Sparkassen. Die Sorge um den Erhalt des Vermögens und der Bank- und Vorsorgesysteme ist zentral.

Die Mär vom absoluten Inflationsschutz

Geld und Geldwerte unterliegen direkt der Inflationsgefahr. Oft ist der Satz zu lesen, dass Sachwerte keiner Inflationsgefahr unterliegen und Sachwertbesitzer einer Inflation gelassen trotzen können. Der Satz stimmt in dieser Allgemeinheit nicht! Alle Güter, also auch Immobilien und Aktien, werden in Geld bewertet und unterliegen insofern dem Inflationsrisiko. Auch die Preise von Aktien und Immobilien können fallen, gerade wenn sich eine Blase aufgebaut hat. Einen absoluten Inflationsschutz gibt es nicht. Nur wer einen Bauernhof hat, dort wohnt und sich mit Kühen, Hühnern, Schweinen und Ackerfrüchten selbst versorgen kann, kann der Inflation in seiner Oase trotzen. Es droht aber auch hier die Gefahr, dass der Gesetzgeber regulierend und ausgleichend eingreift und Zwangsabgaben bestimmt.

Inflation ist wie Zahnpasta Eine Voraussetzung, damit Geld seine Funktionen erfüllen kann, ist die Stabilität des Geldwertes. Bei einer Inflation steigen die Preise für alle Güter und Dienstleistungen. In der Regel steigt die Geldmenge unverhältnismäßig zur Gütermenge, sodass die Kaufkraft sinkt. Das Geld verliert immer stärker seinen Wert. Es besteht die Gefahr, dass das System nicht mehr „rundläuft". Der Kreditgeber erhält – gemessen in Kaufkraft – viel weniger zurück, als er hingegeben hat. Der frühere Bundesbankpräsident Karl Otto Pöhl (1929 bis 2014) sagte hierzu: „Inflation ist wie Zahnpasta. Wenn sie erst mal raus ist, kriegt man sie kaum mehr rein. Am besten ist es, man drückt erst gar nicht auf die Tube." Sein Vorgänger Otmar Emminger (1911 bis 1986) warnte wie folgt: „Wer mit der Inflation flirtet, den heiratet sie." Aufgrund der enormen Geldschwemme seit 2008 warten

Geldpolitiker schon lange auf das Anspringen der Inflation. Das letzte Mal, dass Anleger sich mit dem Thema Inflation beschäftigen mussten, war im Jahr 1992, als die Teuerungsrate über 6% lag. Auch in den siebziger Jahren sorgte der Ölpreisschock weltweit für eine kräftige Geldentwertung. Im Jahr 2021 rechnet die Europäische Zentralbank mit einer Inflation von mehr als 3%. Damit wird erstmals seit Langem die Zielmarke der EZB von 2% deutlich übertroffen. Einige Marktbeobachter denken, das sei nur ein vorübergehendes Phänomen. Einer Theorie zufolge fließen die riesigen Geldmengen nicht in die Gütermärkte, sondern in die Geldmärkte. Die Preise von Immobilien und Aktien springen an, und diese Vermögenspreisinflation zeigt sich nicht im Warenkorb.

Bezüglich Aktien und Inflation hört man folgendes Argument: Aktien hätten einen eingebauten Inflationsschutz, zumal große Teile der Aktiva eines Unternehmens aus Sachwerten bestehen (Immobilien, Maschinen, Vorräte etc.). Wichtiger ist folgender Punkt: Die

Inflation treibt die Umsätze der Unternehmen, und bei stabilen Margen steigen auch die Unternehmensgewinne inflationär mit. Erhöhen sich die Preise, steigt auch die nominelle Bewertung der Unternehmen. Insofern sind Sachwertbesitzer etwas im Vorteil. Da jedoch Unternehmer Teil der Volkswirtschaft und auf den Austausch von Waren und Dienstleistungen angewiesen sind, sind sie Teil des Geldsystems und miterfasst vom Schrecken der Inflation. Zudem drohen in einer Geldkrise regulative Ausgleichsmechanismen durch den Gesetzgeber. Inflation ist also ein systemisches Risiko, dem schwer zu entkommen ist. Eine Gewinnerposition im Inflationsszenario ist ungewiss und ein reiner Hoffnungslauf. Die Historie zeigt aber auch klar, dass langfristig Sachwertbesitzer nach einer Inflations- oder Währungskrise viel besser gestellt sind als die Inhaber von Geld und Geldforderungen.

Unser Zwischenergebnis: In vielen Fällen hat sich gezeigt, dass Sachwertbesitzer langfristig viel besser aus der Inflationskrise herauskommen als reine Geldgläubiger.

Diversifikation als höchstes Gebot, Zeit als „Conditio sine quo non"

Eine ideale Anlageform für alle Fälle und mit Rendite- und Bestandsgarantie existiert nicht. Wer das verspricht, ist nicht seriös! Augenfällig ist, dass bei negativen Zinsen Zinspapiere als zentrale Anlageform unattraktiv werden. Neben Gold dienen Zinspapiere allenfalls als Risikopuffer und als Portfoliodiversifikator.

Damit rücken Aktien und Immobilien als zentraler Vermögensbestandteil in den Vordergrund. Gerade bei Aktien kommt der Streuung die zentrale Bedeutung zu. „Geld ist wie Mist. Man muss es streuen", zitierte André Kostolany den englischen Philosophen Francis Bacon (1561 bis 1626). Idee der Diversifikation besteht darin, Wertschwankungen und Verlustrisiken zu reduzieren. Ein Wertpapierdepot sollte deshalb breit auf viele Einzeltitel aufgeteilt werden – also nach Ländern, Branchen und weiteren Kriterien. Die strategische Verteilung des verfügbaren Vermögens auf unterschiedliche Anlageformen mit dem Ziel einer Optimierung von Rendite und Risiko (Diversifikation über die

Anlageformen) wird als Asset Allocation bezeichnet.

Eine ausgewogene Vermögensstreuung ist vor allem deswegen wichtig, weil damit die Chance effektiv erhöht wird, im Falle einer Vermögenskrise den Verlust in einer Anlageform durch Gewinne aus anderen Anlageformen aufzufangen. Wenn ein Vermögen gut gestreut ist, bleibt selbst bei einem Totalverlust eines Anlageprodukts das Gesamtvermögen relativ stabil. In einfachen Worten: Lege nicht alle Eier in einen Korb, sodass der Schaden nicht allzu groß ist, wenn der Korb einmal umfällt. Diesem zentralen Anlageprinzip mit der Vorstellung der wichtigsten Anlageformen haben wir ein eigenes Buch gewidmet: Bacher/Herrmann, Lege nicht alle Eier in einen Korb – Diversifikation als Fiduka-Prinzip (Frankfurt 2021).

Studien belegen, dass die strategische Asset Allocation maßgeblich über den Anlageerfolg entscheidet. Also nicht die Einzelwerte, sondern vor allem die generelle Zusammenstellung des Vermögens insgesamt. Zentral ist das Mischungsverhältnis der Anlageklassen, also von Geld und Geldwerten (Einlagen bei Banken, Anleihen), Sachwerten wie Immobilien, Gold und Aktien. Der Diversifikationseffekt zwischen den Vermögensklassen mindert das Risiko insgesamt.

Die „Drei-Speichen-Regel" als jüdisches Prinzip Schon in biblischen Zeiten gab es die Regel, wie das Vermögen am besten aufzuteilen sei. Sie lautete: Ein Drittel im Beutel, ein Drittel in Häusern, ein Drittel in Geschäften (Drei-Speichen-Regel). Übersetzt auf die heutige Zeit heißt das: ein Drittel in Geldwerte investieren, ein Drittel in Immobilien, ein Drittel in Aktien.

Für die Väter der Portfolioidee John Maynard Keynes (1883 bis 1946), Benjamin Graham (1894 bis 1976) und Harry Markowitz (*1927) bestand ein ausgewogenes Depot zur Hälfte aus Sachwerten (Aktien/Immobilien/Gold) und der anderen Hälfte aus Geldwerten (Anleihen, Bargeld, Bankeinlagen). Der jeweilige Anteil sollte niemals weniger als 25 % und nicht mehr als 75 % ausmachen.

Der Unterschied zu heute besteht darin, dass man damals für Geldwerte nennenswerte Zinsen (real und nominal) vereinnahmen konnte. Heute ist das anders: Wenn Gold, Anleihen und Bankeinlagen keinen laufenden Ertrag erwirtschaften können, kommt den Immobilien und Aktien in einem Portfolio die zentrale Bedeutung zu. Bei großen Vermögen könnte man das Vermögen vierteln (ein Viertel Immobilien, ein Viertel Aktien, ein Viertel Gold und ein Viertel Geldwerte (Bankeinlagen/Anleihen)). Ist ein Immobilienerwerb nicht möglich, werden Aktien noch bedeutsamer. Leider schützt eine Diversifikation innerhalb der Aktienmärkte nicht vor Verlusten, weil Aktien einen erkennbaren Gleichlauf haben („Korrelation der Aktienmärkte").

Zentral für das Risikoprofil eines Mischportfolios ist die Bestimmung der maximalen Aktienquote, die maßgeblich von der Anlagedauer abhängt. Je langfristiger der Anlagehorizont eines Investors ist, desto höher kann die Aktienquote sein. Wer einen fünfzehnjährigen Anlagehorizont hat, kann eine hohe Aktienquote wählen (z. B. 50 %). Die andere Hälfte könnten Gold, Bankeinlagen, Anleihen und Immobilienfonds ausmachen. Ein anderer, pragmatischer Weg wäre es, mit einer niedrigen Aktienquote (etwa 25 %) zu beginnen und diese sukzessive zu erhöhen.

Bestes Kundeninteresse Die Anlagedauer und die Aufteilung des Vermögens (Asset Allocation) entscheiden maßgeblich über den Anlageerfolg. Teure Produktverpackungen und hektisches Hin und Her schaden. Wer sich selbst die Asset Allocation, deren Überwachung und das Durchhalten seiner Titel nicht zutraut, sollte diese Aufgabe einem bankunabhängigen Vermögensverwalter übertragen. Vermögensverwalter agieren nach vereinbarten Richtlinien allein im besten Kundeninteresse.

Börsenweisheiten für die Geldanlage gibt es genug. Nach unserer Erfahrung kann ein Anleger mit ganz wenigen goldenen Regeln einen sehr guten Anlageerfolg erzielen. Neben dem Diversifikationspostulat spielt die Zeit eine entscheidende Rolle für den Anlageerfolg. Gerade bei Aktieninvestments ist der Zeitgedanke fundamental, denn ohne Geduld geht es nicht. Geduldig sein fällt vielen Investoren schwer. Da „genügend Zeit zu haben“ unabdingbare Voraussetzung für den nachhaltigen Anlageerfolg ist, ist die Auseinandersetzung mit diesem kritischen Erfolgsfaktor so wichtig. So wichtig, dass wir der „Zeit als Anlageerfolgskriterium“ ein ganzes Buch widmen.

Unser Anlagetipp: Der Kern eines Vermögens sollte aus Sach- und Substanzwerten bestehen, also aus Aktien, Gold, Immobilien und einem schönen Zuhause. Wir werden noch sehen: „Zeit zu haben“ (Time) ist wichtiger als das „Timing“, also die Energie auf einen guten Zeitpunkt zu setzen.

Quellen: Bacher/Herrmann, Lege nicht alle Eier in einen Korb, Frankfurt 2021, 94 ff.; Neumann, Wissenschaftliches Investieren, in: bank und markt 5/2014, 34–37; Schuster/ Röder, Aktien als Inflationsschutz, in CF 7/2013, S. 422–425; Mader/Schmitt/Nacken (AGI Studie), Strategische Asset Allokation in der finanziellen Rezession, Frankfurt 9/2013; AGI Studie, Portfoliooptimierung, Frankfurt 2014; Heller, Revolution der Geldanlage, München 2020, Kapitel 5; Bacher, Bankmanagement, 224 ff., 288/289; Kostolany, Wunderland von Geld und Börse, Berlin 1985.

Gott hat die Zeit erschaffen, der Mensch die Uhr Bei Seneca spielt der ökonomische Umgang mit der Zeit, das Tempo als Zeitmaß, eine wichtige Rolle. Zeit wird damit zur Währung, nach der sie nur ebenso sparsam und bedächtig ausgegeben werden darf wie das Geld. Es gilt also, auf keinen Fall Zeit zu verlieren. Vor mehr als 600 Jahren wurde mit der Erfindung der Uhr eine neue Dimension in der Zeitmessung aufgeschlagen. Seither gibt die Uhr einen Takt vor, der vom Rhythmus der Natur abweicht. Die „Räderuhr" wurde in einem norditalienischen Kloster erfunden und hat schnell dem „Zeitenlenker Gott" die Zügel aus der Hand genommen. Fortan blickten die Menschen nicht mehr zum Himmel, wenn sie wissen wollten, welche Stunde es schlägt, sondern auf die Uhr des Kirchturms. Der Mensch verstand sich ab sofort als eine Art Maschinist der Zeit. Negativ könnte man auch von einer neuen preußischen Art sprechen, aus Untertanen brauchbare Untertanen zu machen. Die Institutionen Schule, Fabrik und Militär sorgten dafür, dass Menschen funktionierten. Aufklärer Immanuel Kant (1724 bis 1804) stellte fest: „So schickt man Kinder anfangs in die Schule, nicht schon in der Absicht, dass sie dort etwas lernen sollen, sondern damit sie sich daran gewöhnen mögen, still zu sitzen und pünktlich das zu beobachten, was ihnen vorgeschrieben wird." Wenn man es genau nimmt, misst die Uhr nicht die Zeit, sondern nur einen standardisierten Zeitraum. Die Uhr ist nicht die Zeit. Andere Kulturen wissen das. So haben Asiaten ein anderes Zeitverständnis. Bis ins 19. Jahrhundert gab es in Japan nicht einmal das Wort „Zeit", eine Zeitmessung war dort nicht bekannt. In China geht man flexibel mit der Zeit um, man entscheidet situationsgerecht. Fragt man dort, wie weit es bis zum Bahnhof ist, erhält man gewöhnlich eine Zeitspanne als Antwort, also z. B. 20 bis 40 Minuten. Konkreter legt sich der Chinese bewusst nicht fest, weil er nicht weiß, wie schnell der Fragende gehen kann oder was der Verkehrsfluss zulässt.

Quellen: Weinrich, Knappe Zeit, München 2004; Geissler/Geissler, Time is honey, München 2015.

03

AKTIENMÄRKTE UND IHRE RHYTHMEN

Geldanlage ist keine Geheimwissenschaft. An Daten und Wissen über Wertpapiere und Anlageformen mangelt es nicht. Die Preise von Aktien und Anleihen kann man seit mehr als einhundert Jahre sehr gut nachverfolgen, Notierungen von Gold, Rohstoffen, landwirtschaftlichen Gütern und Währungen sogar über mehrere Jahrhunderte.

Trotz der Fülle der Informationen gibt es Zweifel, historische Daten als Grundlage für Anlageentscheidungen heranzuziehen. Der bekannteste Value-Investor Warren Buffett (*1930) sagt: „Wenn die Vergangenheit alles wäre, was man für die Börse braucht, wären die Bibliothekare die reichsten Leute.“ Die Gegenansicht lautet: Datenbasiertes Wissen kann in der Zukunft nützlich sein. Wer die

Vergangenheit kennt, kann die Zukunft besser einschätzen. Von der Schule wissen wir: Gute Schüler setzen sich über Jahre hinweg von den anderen ab. Wer immer schon im Rechnen gut war, wird auch beim Matheabitur keine Probleme haben. Allein bei der Anlageentscheidung gilt der Satz: Eine vergangene Performance kann nicht mehr gekauft werden.

Aktien sind die renditestärkste Anlageform. Hierbei gilt es, nicht zu gierig zu sein und nicht alles schnell auf eine Karte zu setzen, sondern weltweit und breit zu investieren und Zeit zu haben. Die Datenlage bei Wertpapieren zu kennen, schadet nicht. Noch besser ist das Wissen um wiederkehrende Muster. Bei aller Datensammlung und Wissenschaft werden wir noch erkennen: Beim Geld lehren Jahre oft mehr als Bücher!

Die Zeit und die Klassiker Der Philosoph Aristoteles (384 bis 322 v. Chr.) entwickelte den Zeitbegriff in seiner Abhandlung „Über die Zeit“ entscheidend weiter. Während Hippokrates die Zeit am Leben maß, bezog Aristoteles alles Zeitliche auf den „Raum". Nach ihm ist die Zeit grundsätzlich eine messbare räumliche Bewegung. Er schrieb ihr Metaphern wie Wege, Fortbewegung, Veränderungen und dazu passende Adjektive und Adverbien wie kurz und lang, schnell und langsam, weniger und mehr zu.

Quellen: Weinrich, Knappe Zeit, München 2004; Geissler/Geissler, Time is honey, München 2015.

Die Muster wiederholen sich, doch eine Rechenformel gibt es nicht

Die Finanzwirtschaft beobachtet seit Langem Verlaufsmuster, von denen angenommen wird, dass sie sich in Zukunft wiederholen. Richtig gedeutet, kann man dem Anleger aus der Erfahrung erste Hinweise geben, wann sich ein Einstieg in Aktienpositionen lohnt und zu welchem Zeitpunkt man eher vorsichtig sein sollte.

Freilich gibt es keine genaue Rechenformel zur Bestimmung des Ein- und Ausstiegs. Niemand kann in die Zukunft schauen. Eine Kristallkugel, in der man in die Zukunft blickt und deren Bedingungen erkunden kann, existiert nicht. Nach der Markteffizienzhypothese sind in den Kursen alle Informationen und Kriterien „eingepreist“. Laut dem Nobelpreisträger Eugene Fama (*1939) reflektieren die Kurse von Wertpapieren alle verfügbaren Informationen. Alle Erwartungen der Marktteilnehmer seien im Preis transparent abgebildet. Künftige Kursentwicklungen sind nach Fama unvorhersehbar und zufällig.

Die Börse ist launisch und übertreibt gerne. Die Marktteilnehmer verhalten sich oft irrational und zyklisch. Man weiß nie mit Sicherheit, wie es genau kommt. Auf dem Finanzmarkt ist es also wie in einem Freilandgarten: Ein Gärtner hegt die Bodenkultur, sät an, düngt und wässert, hofft und bangt. Er lässt der Natur ihren Lauf, und die Pflanzen wachsen. Freilich greift er manchmal ein und schneidet hier und da zurück. Zwischendurch darf er sich auch mal ärgern – über sich und das Wetter. Wenn die Pflanzen gut wachsen und gedeihen, freut er sich. Und wenn es dann soweit ist, der Mond und die Sterne gut stehen, erntet er mit Demut und großer Dankbarkeit die Früchte seines Gartens und genießt. Aus guten Gründen darf er bei Obstbäumen, Beeren, Stauden und anderen Dauergewächsen bereits jetzt auf eine gute Ernte im nächsten Jahr setzen. Gerne darf er auch Neues ausprobieren, neuartige Pflanzen setzen und neue Methoden anwenden.

Ein intelligenter Gärtner kennt seine Fähigkeiten, seinen Garten und die Regeln der Natur. Ohne die Natur beherrschen zu wollen, stellt er sich auf deren Rhythmus ein. Der Gartenexperte verbringt in seinem Garten nicht nur seine Zeit, sondern versucht auch, die Zeit für seine Interessen zu nutzen. Er weiß zu gut, dass kein Jahr wie das andere ist und dass es schnell Verwerfungen geben kann: Frost, Hagel, Überschwemmungen oder Dürre.

Die Zeit und die Klassiker Die Griechen hatten für die Zeit zwei Begriffe und zwei Götterbilder: Chronos und Kairos. Chronos war ein Greis, Kairos ein Jüngling. Chronos verkörpert den langen Zeitraum und den natürlichen Rhythmus. Er nimmt sich gerne die Zeit, für die er steht. Lateinisch heißt er Saturn, abgeleitet von der Saat oder der Länge der Zeit, an der er sich gesättigt hat. In der bildenden Kunst wird Chronos seit dem 14. Jahrhundert als Greis mit Stundenglas oder Sichel dargestellt. Kairos repräsentiert eine andere Art der Zeit, die Gelegenheit, also den günstigen Moment, der schnell verfliegt („tempus fugit“). Dieser jugendliche Gott trägt Flügel an seinen Schultern und Fersen, in der Hand hält er ein spitzes Messer oder eine Waage. Alles erinnert an die Gunst. Er ist kahlgeschoren und hat nur vorne einen Schopf. Will ein irdischer Bürger ihn festhalten, so muss er den Jüngling beherzt beim Schopf ergreifen. Misslingt der Zugriff, ist die Zeit verpasst. „Gelegenheit ist flüchtig“, so die Botschaft der Römer, die Kairos „occassio“ genannt haben.

Quellen: Weinrich, Knappe Zeit, München 2004; Geissler/Geissler, Time is honey, München 2015.

Große Zyklen und die Gefahren von Blasen

Aktien schwanken erheblich. Wenn der Beobachtungszeitraum wenige Tage beträgt, gibt es keinen eindeutigen Trend. Doch auf ein

Jahr betrachtet steigen Aktien etwa zwei bis drei Mal häufiger, als sie fallen. So gab es in Amerika zwischen 1870 und 2020 106 Gewinnerjahre und 44 Verlustjahre. Der erste technische Analyst, dessen Studien regelmäßig publiziert wurden, war Charles Dow (1851 bis 1902), der Mitbegründer des Dow-Jones-Indexes. Dow verglich das Auf und Ab der Aktienkurse mit den Wogen eines Ozeans. Seine Theorie besagt, dass es etwa alle vier Jahre Primärwellen gibt, analog zu Ebbe und Flut. Innerhalb dieser Wellen gibt es Sekundärwellen von bis zu 30 Tagen und kleinere Day-to-Day-Wellen.

Die Geschichte zeigt auch, dass der Mensch zyklisch agiert und zu Gier und Übertreibungen neigt. So gab es inmitten des Dreißigjährigen Krieges eine ausgeprägte Tulpeneuphorie. Es gab Tulpenzwiebeln, deren Preis den eines Hauses überstieg. Drei Jahre dauerte der völlig überzogene Preiswettbewerb, in dem die Preise der Zwiebeln um 5.900 % anstiegen, um innerhalb eines Jahres wieder um 93 % zu fallen.

Historische Börsenzyklen	Aufschwung in Monaten	Gewinne in %	Abschwung in Monaten	Verlust in%
Holland-Tulpen (1634–1637)	36	5.900	10	9
Mississippi-Hype (1719–1720)	13	6.200	13	9
Silber (1979–1982)	12	700	24	8
Hongkong-Aktien (1970–1974)	28	1.200	20	9
Japanische Aktien (1965–1992)	288	3.700	30	6
New Economy (1998–2001)	27	870	18	9

Abbildung 5: Beispiele für historische Spekulationszyklen

Ein Herdenverhalten ist immer wieder zu beobachten. So vervielfachten sich Ende der 1990er-Jahre die Notierungen der New Economy innerhalb weniger Monate. Klassische betriebswirtschaftliche Kennzahlen und Überlegungen spielten damals für die Bewertung und den Kauf der vermeintlich innovativen Unternehmen überhaupt keine Rolle. Mitte 2000 platzte die Blase und riss in Deutschland ein ganzes Börsensegment („Neuer Markt“) in den Abgrund. Ein ähnliches Erwachen könnte es bei vielen Cyberwährungen geben, zumal hier das Urteil der Zentralbankpräsidenten eindeutig ist: „Finger weg davon.“ Der Chef der Bank of England Andrew Baily (*1959) warnt vor Kryptowährungen mit folgenden Worten: „Kaufen Sie nur, wenn Sie bereit sind, Ihr gesamtes Geld zu verlieren.“ Die EZB-Präsidentin Christine Lagarde (*1956) stimmt dieser Aussage ausdrücklich zu. Letztendlich geht es für Notenbanken darum, die Hoheit über das Geld nicht zu verlieren. Jeder Wertpapierexperte sollte die Warnung der Zentralbanken beherzigen, zumal in der Geldanlage das eherne Gesetz gilt: „Handle nie gegen die Zentralbanken.“

Zurück zur Historie. Im 17. und 18. Jahrhundert setzten Gedanken von Freiheit, Gleichheit, Toleranz und Vernunft in Europa enorme Kräfte frei. Auch die Naturwissenschaften machten zu dieser Zeit große Fortschritte. Bahnbrechende Erfindungen bestimmten das Tagesgeschehen. Mit Dampf konnte man Energie erzeugen, schwere Maschinen erleichterten dem Mensch die Arbeit. Mitte des 19. Jahrhunderts wurde die Glühbirne erfunden. Jetzt konnte man rund um die Uhr arbeiten. Nachrichten konnten dank Telegrafensystemen schnell über weite Strecken versendet werden, und die Eisenbahn eroberte das Transportwesen. Erstmals in der Geschichte gab es über lange Zeit große Wachstumssprünge, doch vom neuen Wohlstand profitierte nur eine kleine Schicht. Die überwältigende Mehrheit der Bevölkerung lebte in so großer Armut, dass Millionen von Menschen keinen anderen Ausweg sahen, als in die Neue Welt auszuwandern. 1848 kam es in allen großen Städten in Europa zu Unruhen. Mit der industriellen Revolution ging eine soziale Frage einher, die vielerorts mit Waffengewalt erstickt wurde.

Der Nobelpreisträger Nikolai D. Kondratieff (1892 bis 1938) erkannte, dass wesentliche Innovationen in sehr langfristigen Zyklen verlaufen. Jeder Zyklus markiert einen technologischen Umbruch. In der Regel findet zu Beginn einer Phase eine strukturelle Krise statt, in der die alten Industriezweige durch neue ersetzt werden. Kulturen und Prozesse wandeln sich, neue Bedarfs- und Berufsfelder entstehen, soziale Unruhen treten auf. Zu Beginn der Phasen kommt es gewöhnlich zu einer langen Welle des Wachstums (Wachstumssprung). Damit verbunden sind tendenziell steigende Aktienmärkte. Am Ende der jeweiligen Phase steht ein hoher Überschuss an Finanzmitteln mit Blasenbildung.

Zeitraum	Basisinnovation
1: 1780 bis 1830	Dampfmaschinen, Baumwolle > Bekleidung
2: 1830 bis 1880	Eisenbahn, Stahl > Transport
3: 1880 bis 1930	Elektrotechnik, Chemie > Produktion
4: 1930 bis 1970	Petrochemie, Automobil > Mobilität
5: 1970 bis 2010	Informationstechnik > Kommunikation
6: ab 2010	Grüne Welle/Digitalisierung ?

Abbildung 6: Übersicht über die sechs Kondratieff-Zyklen

So eindrucksvoll historische Betrachtungen auch sind, es bleiben dennoch Fragen offen. Die Kernfrage des Investors ist, welche Themen heute revolutionär wirken, welche Basisinnovation konkret den sechsten Zyklus belegt und welche Länder, Branchen und Unternehmen davon ganz besonders profitieren.

In der Diskussion um den sechsten Kondratieff-Zyklus stehen die Digitalisierung und das Ressourcenmanagement. Der „Grüne Kondratieff" behandelt die Ressourcenfrage, also die aktuelle Frage von Klimaschutz und Urbanisierung. Es geht um die Vereinbarkeit von Ökologie und Ökonomie im Zusammenspiel mit der Digitalisierung (nachhaltiges bzw. smartes Wachstum). Alternativ werden als sechste Basisinnovation die Möglichkeiten der Nano-, Gen- oder Biotechnologie sowie die Robotik und psychosoziale Gesundheitsdienste genannt. Kritiker der Kondratieff-Zyklen bemängeln vermeintliche Kausalzusammenhänge zwischen den Wellen sowie eine mangelnde Trennschärfe und Operationalisierung der Zyklen. Je nach Definition lassen sich fast beliebig viele Wellen erzeugen, konkrete Ableitungen mit eindeutigen Anlageentscheidungen nur schwer und unter hoher Unsicherheit treffen.

Auch André Kostolany hat den Börsenzyklus beschrieben und in einer Eiform visualisiert. Nach Kostolany verhält sich die Börse zyklisch, wobei jede zyklische Bewegung aus den drei Phasen „Korrektur", „Umschwung" und „Übertreibung" besteht. In der Übertreibung sind die Umsätze hoch (starke Wellen), in der Korrektur sind sie niedrig (schwache Wellen).

Die starken Übertreibungen nach oben und unten dauern so lange, bis ein Ereignis den Teufelskreis durchbricht. Wenn dieser Schock nicht kommt, geht die (psychologische) Übertreibungsphase langsam zu Ende. Ohne erkennbaren Grund wendet sich die Börsentendenz. Meist sind auch die Experten auf die Korrekturen nach unten und oben nicht vorbereitet. Es beginnt eine Gegenbewegung (Korrektur). Nach Kostolany rotiert die Börse ewig – wie Ebbe und Flut bei den Weltmeeren – freilich in unterschiedlichen Stärken und Zeitfenstern.

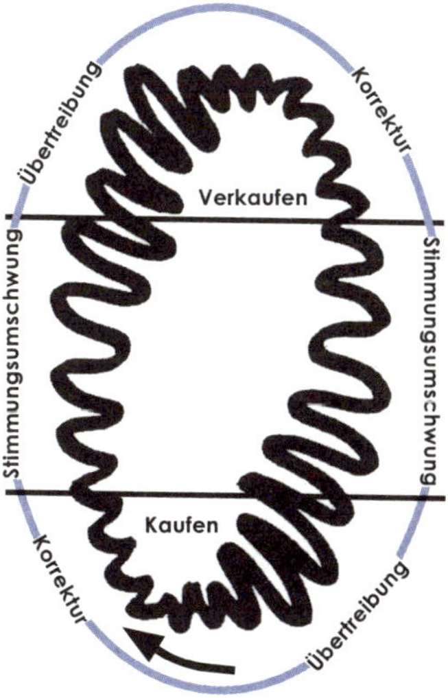

Abbildung 7: Börsenzyklus dargestellt am Kostolany-Ei (Quelle: Capital Extra, 1988, und Kostolanys Geldgeschichten, 1992)

Börsenzyklus nach André Kostolany In der tiefen Baisse (rechts ganz unten im Ei) sind die Kurse übertrieben tief und heftig gefallen. Die Umsätze kommen zum Erliegen. Nur noch Hartgesottene sind investiert, die Wende beginnt. Wenn sich die Krisenstimmung bessert, kommt es zur Korrektur. Kurse und Stimmungen treiben sich gegenseitig in die Höhe. In der Euphorie (Übertreibung – oben links im Ei) sind die Umsätze hoch, teilweise herrscht sogar Massenhysterie. Jetzt sind alle Zittrigen investiert. In dieser Phase steigen die Umsätze nicht mehr. Jedes Ereignis (wie zum Beispiel eine Zinssteigerung oder nachlassendes Wachstum) verunsichert die Anleger. Sinkende Kurse erzeugen einen Pessimismus, der wieder auf die Kurse drückt, teilweise herrscht sogar Panik. Wie die Blätter im Herbststurm fallen die Kurse ins Bodenlose (Baisse). Der Kreislauf beginnt von vorne. Kurzum: Kaufe möglichst im unteren Drittel, verkaufe im oberen Drittel.

Quellen: Bacher, Bankmanagement, Konstanz 2015, S. 293 ff.; Baule u.a., Krisen am deutschen Aktienmarkt, in: Die Bank 3/2010, S. 8–12; Nacken (AGI-Studie), Der „grüne" Kondratieff, Frankfurt 6/2012; Kostolany, Das ist die Börse, Stuttgart 1961/1999; Kostolany, Kostolanys beste Geldgeschichten, Düsseldorf 1992.

Saisonale Muster der Aktienmärkte

Gehen wir den Schwankungen etwas genauer auf den Grund, so kann man erkennen, dass nicht nur die Natur einen saisonalen Verlauf hat. Saisonale Muster sind auch an den Finanzmärkten erkennbar. Deren Gründe sind vielfältig und nicht immer offenkundig: Ballung von Ausschüttungsterminen, Jahresend-Rallye der institutionellen Anleger, zunehmende Nachfrage am Monatsultimo, mangelnde Nachfrage zur Monatsmitte, unruhiger Schlaf bei Vollmond, Stimmungsaufhellungen der Investoren nach Feiertagen und vor den Ferien, Wahlperioden und anderes. Die Hypothesen und Konzeptansätze sind vielfältig. Nicht immer sind die Schwankungen signifikant, schon gar nicht garantiert. Oft sind die Transaktionsaufwendungen höher als die zu erwartenden Effekte. Zudem glätten die Möglichkeiten der Digitalisierung die Börsenmuster, die Markteingriffe der Notenbanken verzerren.

Empirisch nachgewiesen sind kleine Renditedifferenzen zwischen den Tageszeiten und innerhalb der Woche. Die Abendzeiten sollen tendenziell höhere Kurse verzeichnen, innerhalb einer Woche ist der Montag relativ riskant. Im Wochenverlauf nimmt die durchschnittliche Tagesperformance zu. Leider ist der Wochentagestrend nicht stabil: So holt der Montag auf, während der Freitag gerade in den USA immer mehr seine Spitzenstellung abgibt.

Auch innerhalb eines Monats ist die Wertentwicklung sehr unterschiedlich. Renditestark sind die drei Tage vor und nach dem Monatsultimo. Grund hierfür ist die höhere Liquidität am Monatswechsel, die an den Märkten investiert wird. Besonders gut wurde der Monatsanfangseffekt bei Technologieaktien beobachtet. Am Ende eines Quartals oder Jahres werden zusätzliche Bilanzverschönerungs-Effekte („Window Dressing“) beobachtet: Um in Rechenschaftsberichten gut dazustehen, bauen Fondsmanager Cashpositionen am Berichtsende ab und kaufen schnell noch erfolgreiche Titel nach.

Unser Anlagetipp: Kaufe im Zweifel zur Monatsmitte und verkaufe im Zweifel am Monatsanfang.

Quellen: Stark, Reich im Schlaf? Tag- und Nachtrenditen am deutschen Aktienmarkt, Finanzbetrieb 11/2009, S. 65–678; Nelles u. a., Der „Luna-Effekt" – Analyse am deutschen Aktienmarkt, in: Finanzbetrieb 9/2008, S. 617–623; Holfort, The turn-of-the-month-effect is still alive, in: CFbiz 6/2010, S. 405 – 409; Salm/Siemkes, Persistenz von Kalenderanomalien am deutschen Aktienmarkt, in: Finanzbetrieb 7–8/2009, S. 414–418; Kostolany, Kostolanys beste Geldgeschichten, Düsseldorf 1992; Kostolany, Wunderland von Geld und Börse, Berlin 1985

Alles Leben entfaltet sich rhythmisch Während der Mensch sich immer mehr auf die mechanische Zeit fixiert, hat die Natur ihren eigenen Rhythmus. Die Erde dreht sich um ihre eigene Achse, Tag und Nacht entstehen daraus. Der Mond begleitet die Erde, daraus werden Mondphasen. Letztlich dreht sich die Erde in 365 Tagen um die Sonne. Jahreszeiten formen sich daraus, ebenso Unterschiede von Wind, Wetter und Temperatur. Das Leben auf unserer Erde ist in diese Grundrhythmen eingebettet. Auch wenn der Mensch intelligent ist, bleibt er doch nur ein Lebewesen. Der Philosoph Francis Bacon (1561 bis 1626) sagte: „Wer die Natur beherrschen will, muss ihr gehorchen." Eine mechanische Uhr schadet dabei nicht. Doch bei allem Nutzen, die eine Uhr haben kann, bleibt die Erkenntnis, dass sie ein Messgerät ist. Sie ist keinesfalls ein Gerät, das anzeigen kann, wie man mit Zeit umgehen kann. Es ist beides wichtig: Die Uhr und der Rhythmus. Ursprünglich spielten rhythmische Elemente auch bei der Arbeit eine Rolle, z. B. bei der Ernte, Jagd, beim Fischfang oder Bewegen schwerer Lasten. Heute wissen wir: Der Mensch braucht Struktur, aber auch Zeiten, die zufrieden machen.

Quellen: Weinrich, Knappe Zeit, München 2004; Geissler/Geissler, Time is honey, München 2015.

Best Season: Sell in May and go away

Schon lange wird über Schwankungen innerhalb eines Kalenderjahres berichtet. Werden die Monatsrenditen über Jahre hinweg verglichen, ergeben sich auffällige Muster. Besonders gut schneiden der Januar („Januar-Effekt") und der April ab. Ein eher schlechterer Börsenmonat ist der Mai. Allgemein schlecht ist das dritte Quartal eines Jahres, die Monate August und September sind besonders gefährlich. Börsenweisheiten setzen auf diese Verlaufsmustern der Börse. Die bekannteste Regel lautet: „Sell in May and go away. But remember, to come back in September."

Kalendermonat	Jan	Feb	Mär	Apr	Mai	Jun
Rendite in %	1,0	0,0	1,0	2,0	0,1	-0,2
Kalendermonat	**Jul**	**Aug**	**Sep**	**Okt**	**Nov**	**Dez**
Rendite in %	1,2	0,0	-0,7	0,7	1,6	1,6

Abbildung 8: Durchschnittliche Monatsrenditen (ohne Dividenden) im Dow Jones von 1945 bis 2021

Kalendermonat	Jan	Feb	Mär	Apr	Mai	Jun
Rendite in %	1,3	0,6	1,1	1,7	0,2	0,1
Max. Rendite in %	15,3	15,4	9,9	21,4	14,8	15,0
Min. Rendite in %	-15,1	-11,4	-16,4	-7,9	-10,9	-9,6
Kalendermonat	**Jul**	**Aug**	**Sep**	**Okt**	**Nov**	**Dez**
Rendite in %	1,3	-0,2	-1,6	0,7	1,5	1,3
Max. Rendite in %	17,3	16,2	7,5	13,9	15,6	18,0
Min. Rendite in %	-15,6	-19,2	-25,4	-21,5	-13,1	-12,9

Abbildung 9: Monatsrenditen im DAX von 1960 bis 2021 (Quelle: Bloomberg, eigene Berechnungen)

Der Fondsmanager André Stagge (*1983) setzt auf den Quartalsbeginn. Er hat bei seinen Recherchen herausgefunden, dass die jeweils ersten Monate eines Quartals – also die Monate Januar, April, Juli und Oktober

– besonders gut performen. Der relativ schlechteste und launischste Monat in diesem Quartett sei der Oktober. Besonders ausgeprägt sei dieser Quartalsanfangstrend in guten Aktienjahren, zumal institutionelle Anleger wie Versicherungen und Fondsmanager in diesem Umfeld bessere Möglichkeiten hätten, mehr zu investieren.

In einer Untersuchung der Hochschule Pforzheim (Wüst/Bacher) wurde für den DAX errechnet, dass man in der Zeit von 1960 bis 2008 eine jährliche Rendite von 12% erzielen konnte. Wer nur auf die sechs guten Börsenmonate (November bis April) in 49 Jahren setzte, erzielte eine Jahresrendite von 16% – eine Überrendite von 4% pro Jahr gegenüber dem DAX! Aber nicht nur die Rendite schwankt im Jahresverlauf, auch das Risiko geht einen ähnlichen Weg. Gerade im Spätsommer und Herbst steigt das Risiko an. Allgemein gilt also: Das Rendite-Risiko-Verhältnis ist in den guten Börsenmonaten besonders gut!

Durchschnittliche Indexperformance in % in lokaler Währung 1970–2021			
Performance in %	**Kalender-jahr**	**Nov bis Apr**	**Mai bis Okt**
Welt	10,7	8,9	1,6
USA	11,1	8,3	2,6
Großbritannien	12,7	11,1	0,9
Deutschland	9,7	8,7	0,1
Japan	9,2	9,2	-0,5

Abbildung 10: Best-Season-Strategie in ausgewählten Märkten (Quelle: Bloomberg, eigene Berechnungen)

Zu den Gründen dieser Börsensaisonalität gibt es viele Erklärungsversuche: Die Anleger würden die Dividenden im April/Mai mitnehmen und die Gelder parken, sodass sie entspannt in den Urlaub fahren und im Herbst das Geld wieder reinvestieren können. Zu beobachten ist, dass der Trend in den letzten zwanzig Jahren nachgelassen hat, teilweise sich der Effekt sogar dreht. Ein Grund für die Trendumkehr könnte sein, dass sich viele Anleger auf das Muster einstellen. Das Muster glättet sich mit der Zeit dann selbst. Auch die Möglichkeiten moderner Informations- und

Kommunikationstechnologien bieten, unabhängig von Ort und Zeit, Zugriff auf das Depot samt vielfältiger Absicherungsoptionen. Von einer Saisonalität könne man deshalb im Zeitalter der Digitalisierung nicht mehr reden, so die Kritiker der saisonalen Muster. Viel mehr hätte Mark Twain (1835 bis 1910) recht, der sagte: Der Oktober ist einer der besonders gefährlichen Monate für Aktienspekulationen. Die anderen sind Juli, September, April, November, Mai, März, Juni, Dezember, Januar, August und Februar.

Nach unserer Meinung schadet das Wissen um saisonale Muster nicht. Mit Schrecken erinnern wir uns noch an die großen Crashs von 1987, 2001 und 2008, die alle im Spätsommer oder frühen Herbst wüteten. Wir haben auch festgestellt, dass an der Börse im Spätherbst die Stimmung euphorisch wird. Nach Halloween (31. Oktober) wird in vielen Unternehmen das neue Jahr eingeläutet. Wie der Advent das Kirchenjahr anhebt, so beginnen im Spätherbst die Planungen für das neue Jahr. Manager und Analysten machen sich ans Zahlenwerk und erstellen mit großer Zuversicht positive Prognosen für Wachstum und Gewinn („Halloween-Effekt"). Diese Prognosen beflügeln die Marktstimmung, die in der Vorweihnachtszeit allgemein auf einen guten Resonanzboden trifft. In zahlreichen Ländern finden im Herbst Wahlen statt. Viele Politiker machen im Wahlkampf große Versprechen. Das weckt Erwartungen. Die rosaroten Szenarien der Politik verstärken oft die gute Stimmungslage am Jahresende.

Unser Anlagetipp: An der Börse sollte man in den Sommermonaten etwas Vorsicht walten lassen. Gute Börsenphasen beginnen oft im November.

Quellen: Holtfort, Turn-of-the-month-Effekte am deutschen Aktienmarkt, in: Finanz-Betrieb 6/2009, S. 343–348; Holtfort, Is there a Sell-in-Summer effect in international markets?, in: CFbiz 1/2011, S. 61–64; Wüst/Bacher, Saisonalitätseffekte im Deutschen Aktienindex DAX, in: Finanz-Betrieb FB 11/2008, S. 748–759; Salm/Siemkes, Persistenz von Kalenderanomalien am deutschen Aktienmarkt, in: Finanz-Betrieb 7–8/2009, S. 414–418; Schiereck/Welkoborsky, Der Halloween-Effekt am deutschen Aktienmarkt, in: WiSt 10/2015, S. 548–556; Wessels/Röder, Der Halloween-Effekt am deutschen Aktienmarkt, in: CF 9/2014, S. 345–349.

Ausnahmen trüben viele Erwartungen

Der Mensch ist auf ruhiges Fahrwasser und regelmäßigen Zuwachs fixiert. Ordnung und ein starres Sicherungssystem zeichnen gerade uns Deutsche und unsere Sozialsysteme aus. So schön Regeln und Muster auch sind, beim Geld kann man wider Erwarten feststellen, dass es oft anders kommt. Börsen pfeifen auf Regeln! Kursgewinne und satte Dividenden kommen gerade dann nicht, wenn man sie dringend braucht. Finanzmärkte agieren schnell, oft sogar übertrieben schnell. An wenigen Tagen kann man an der Börse viel verlieren. Von einem „Blutbad auf dem Parkett" ist dann die Rede. Die Warnung im Crash ist deutlich: „Greife nie in ein fallendes Messer." Ob diese Handlungsweise, die den Investor vor einer schlimmen Verletzung warnen möchte, richtig ist, kommt auf den Einzelfall, auf die Stimmung und den Trend an. Schlussendlich kennt man die generelle Richtigkeit und die konkreten Ausmaße des Schnitts erst dann, wenn sich die Marktsituation beruhigt hat.

Allgemein kaum bekannt ist, dass Aktienbörsen nicht nur stark fallen, sondern auch an ganz wenigen Tagen eines Jahres enorm steigen können. Wer an diesen guten Tagen nicht investiert ist, verschenkt einen Großteil der Rendite. Mehr noch: Wer erst nach den guten Tagen einsteigt, läuft Gefahr, nur zu verlieren. Wer im Börsenjahr an den besten Tagen des Jahres nicht dabei war, verliert enorm.

Studien zeigen eindrucksvoll, wie wichtig es ist, stets investiert zu sein. So hat die Allianz in einer Studie für den Zeitraum von 1994 bis 2019 – etwa 6.000 Börsentage – nachgewiesen, dass enorm an Rendite einbüßt, wer die besten 20 Börsentage davon verpasst hat. Wer die besten 40 Tage dieser 25 Jahre nicht dabei war, hat kaum eine Chance auf Kursgewinne (vgl. Abb. 11). Da Timing auf Signale setzt und die Börsenschwankungen unvorhergesehen aus dem Nichts kommen, gilt die Regel: „Time“ ist wichtiger als „Timing“.

Rendite pro Jahr (1994 bis 2019)	„Voll investiert“	„Beste 20 Tage verpasst“	„Beste 40 Tage verpasst“
DAX	6,9%	1,2%	-2,7%
MSCI Welt	7,3%	2,4%	-0,9%
S&P500 USA	9,6%	4,6%	+1,3%
MSCI Europa	7,1%	1,2%	-2,5%

Abbildung 11: AGI-Studie „Market Timing“ für den Zeitraum 3/1994 bis 3/2019

Unser Anlagetipp: Im Zweifel investiert bleiben, denn wer die besten Börsentage verpasst, verliert enorm an Rendite.

Die Zeit und die Klassiker Das Glück währt nicht lange, Fristen und glückliche Zustände sind oft sehr knapp bemessen. Der griechische Dichter Homer (um 850 v. Chr.) berichtete schon vor 3.000 Jahren von der Gastfreundschaft, die auf drei Tage begrenzt sei. Diese Frist ist von Gast und Gastgeber einzuhalten. Die Italiener haben das wie in ein Sprichwort geformt: „Der Gast, genau wie der Fisch, stinkt am dritten Tag.“ In Schillers Ballade „Die Bürgschaft“ wird eindrucksvoll der Wettkampf mit einer knappen Frist beschrieben. In letzter

Sekunde schaffen die Freunde den Wettlauf mit der Zeit und gewinnen dabei noch das Herz des Tyrannen.

Quellen: Weinrich, Knappe Zeit, München 2004.

Quellen: AGI-Studie, Market Timing, Frankfurt 2014; Fidelity, Studie zum Market-Timing anhand mehrerer Indizes: Wie richtig ist der „richtige Zeitpunkt"?, 2006; Rabener, Online-Studie zum Market-Timing (S+P 500), 2016; Bacher, Bankmanagement, Konstanz 2015, S. 295 ff., 298; Heller, Der einfache Weg zum Wohlstand, München 2015, Kapitel III; Heller, Die Revolution der Geldanlage, München 2020, Kapitel 1 und 7.

04
AKTIEN UND IHRE HALTEDAUER

In manchen teils jahrhundertealten Bonmots und Börsenregeln ist mehr als ein Körnchen Wahrheit versteckt. Viele davon befassen sich mit der Zeit. Unsere These: Geldanlage ist zu großen Teilen eine Frage der Zeit. Wer Aktien kauft und damit sein Vermögen vergrößern will, muss langfristig denken und viel Geduld mitbringen. Nicht ein paar Monate, sondern viele Jahre. Je mehr Zeit ein Anleger mitbringt, umso besser ist das für den Anlageerfolg. In Ratgebern und Prospekten von Finanzdienstleistern wird das oft verschwiegen. Dort klingt Vermögensaufbau so, als gehe es sehr schnell.

Die Anlagedauer zahlt sich gerade bei Sachwerten aus. Die Investmentlegende Warren Buffett (*1930) hat uns vorgemacht, dass ein Aktieninvestor wie ein verantwortungsvoller Unternehmer handeln sollte und nicht wie ein Spekulant, der gierig den schnellen Reibach anstrebt und sich nach dem ersten Deal sofort wieder verabschiedet. Zwar sorgt die Arbitrage seit Jahrhunderten für den Ausgleich von Preisdifferenzen unterschiedlicher Handelszeiten oder -orten. Doch im Zeitalter der Digitalisierung werden große Spannen immer unwahrscheinlicher. Das Geschäftsmodell eines schnellen Hin und Her ist gefährlich und für Privatanleger nicht empfehlenswert. Aktienerfolge brauchen Zeit. Auf die Frage, wie viel Zeit man braucht, antwortet Warren Buffett: „Mein bevorzugter Anlagezeitraum ist ‚für immer'. Ein Anleger sollte sich und seine Entscheidung genau prüfen. Eine Aktie, die man nicht bereit ist, für zehn Jahre zu halten, sollte man auch keine Minute halten."

Kostolanys Schlaftablettentipp gilt nach wie vor

Der Gründungspartner der FIDUKA André Kostolany wusste, wie wichtig die Zeit für den Anlageerfolg ist. Er hat in frühen Jahren am eigenen Leib und während seines Lebens an vielen Beispielfällen erfahren dürfen, dass es den schnellen Reichtum nur im Märchen gibt. Den todsicheren Tipp gab es für Kostolany nicht. „Je mehr man den Tipps nachläuft, umso größer sind die Enttäuschungen“, so die Erfahrungen des Altmeisters. In die gleiche Kerbe zielt sein folgender Vergleich: „Einer Straßenbahn und einer Aktie darf man nicht nachlaufen. Nur Geduld, die nächste kommt bestimmt!“

Kostolanys meist zitierter Ratschlag lautet, Aktien zu kaufen und sich dann schlafen zu legen. In seinen Vorträgen hat sich das etwa wie folgt angehört: „Arbeiten Sie an einer Idee und suchen Sie dafür eine internationale Palette von Aktien aus. Verzagen Sie nicht und lassen Sie sich nicht beirren. Gehen Sie in die Apotheke und kaufen Sie Schlaftabletten und stellen Sie den Wecker, vielleicht auf fünf Jahre oder mehr und Sie werden sehen: Es funktioniert.“

In der Regel wird der Ratschlag falsch verstanden und völlig falsch kommentiert. Kostolany war nicht naiv, eine Gewinnautomatik wollte er mit dem Kauf von Schlaftabletten nicht beschreiben. Ihm war klar, dass das Anlegen an der Börse so einfach dann doch nicht funktioniert. Ein einfaches Kaufen und Halten entsprach auch keinesfalls seinem ausgeprägten Charakter und großem Ideenreichtum. Kostolany musste an der Börse oft leidvoll miterleben, welchen Druck und welche Verluste Entscheidungen in einem nervösen Umfeld mit sich bringen können. Auch Charts und deren ausgeprägte Deutung lehnte er ab. Sein Urteil: „Chartismus ist eine Wissenschaft, die vergeblich sucht, was Wissen schafft."

Mit dem Kauf von Schlaftabletten wollte Kostolany in erster Linie Anlegern Mut machen, in schwierigen Phasen durchzuhalten. Er wusste zu gut, dass die Zeit für Aktieninvestments immer schwierig ist, die Marktwirtschaft und das Recht auf privates Eigentum den Wohlstand treiben und die Zeit dem Investor große Gewinne beschert. Er erkannte frühzeitig, dass des Anlegers stärkster Feind die eigene Psyche und seine Selbstzweifel sind. Er wollte mit seinem Rat den Glauben des Investors an die eigene Idee stärken und ihn lehren, geduldig zu sein, damit die Ernte einer unternehmerischen Betätigung eingefahren werden kann. „Erst kommen die Schmerzen, dann das Geld“, hat er oft gepredigt. Als einer der Ersten erkannte Kostolany, dass Menschen zu zyklischem Anlegerverhalten tendieren. Viele Anleger treibt im Boom ein überschwänglicher Optimismus, vielleicht auch die Gier. Im Crash hingegen leiden Anleger an Hoffnungslosigkeit und haben oft panische Angstzustände. Die Erkenntnisse der modernen Verhaltensökonomie (Behavioral Finance) bestätigen eindrucksvoll, wie recht Kostolany hatte.

Quellen: Kostolany, Die Kunst, über Geld nachzudenken, München 2000; Kostolany, Weisheit eines Spekulanten im Gespräch mit Johannes Groß, Düsseldorf 1996; Heller, Der einfache Weg zum Wohlstand, München 2015, Kapitel III; Heller, Die Revolution der Geldanlage, München 2020, Kapitel 5.

Die Kaufmannsregel „Billig einkaufen, teuer verkaufen“

In der Theorie ist das Börsengeschäft einfach. Man macht Gewinne, wenn man Aktien teurer verkauft, als man sie einkauft. Dabei ist zu beachten, dass Aktienkurse relativ stark schwanken. Pro Jahr sind Schwankungen von 20 % oder mehr – jeweils 10 % um den Mittelwert herum – keine Seltenheit. Besonders gierige Investoren versuchen, die Schwankungen für den eigenen Vorteil auszunutzen. Bei jedem Zwischenhoch wird verkauft, bei jedem Tief wieder zurückgekauft. In der Summe funktioniert das nicht, das Modell klappt nur auf dem Papier: Bei einem Tradinggeschäft entspricht gewöhnlich der Gewinn des einen dem Verlust des anderen. Es ist also ein Nullsummenspiel, bei dem bei einem Geschäft doppelte Transaktionskosten anfallen.

Da niemand in die Zukunft schauen kann, weiß man nie genau, wie ausgeprägt ein Trend oder ein Zyklus ist. Erst im Nachhinein ist das klar. Dann ist das gute Geschäft meist vorbei. Hierzu Kostolany treffend: „Wer zu spät in einen Kursaufschwung einsteigt, bezahlt die Kursgewinne der anderen.“ Relativ sicher ist auf Dauer nur die langfristige Wertentwicklung einer Aktie, die in etwa dem Wertzuwachs des Unternehmensgewinns entspricht.

Kostolanys Geschichte vom Mann und dem Hund André Kostolany vergleicht das Verhältnis von Börse und Wirtschaft, im übertragenen Sinn also das Verhältnis von Kurswert und Buchwert, mit dem Spaziergang eines Herrn mit dem Hund. Zwar gehen beide in die gleiche Richtung, der Hund läuft oft ein paar Schritte voraus, bleibt stehen, spielt etwas, läuft auch mal zurück. Letztlich treffen aber beide oft zusammen und kommen im Ergebnis an den gleichen Ort. „Der Hund ist die Börse bzw. die Aktie, der Herr die Wirtschaft bzw. das Unternehmen", so Kostolany.

Ein antizyklisches Investieren verlangt gute Nerven und ein gutes Sentiment, zumal Aktien für Antizykliker dann als sehr gute Anlage angesehen werden, wenn die allgemeine Stimmung dagegenspricht. Kostolany nannte diese Situation „die Zeit der hartgesottenen Investoren". Beim Tiefstand haben die „Hartgesottenen" die Papiere und die „Zittrigen" das Geld. Auf dem Höhepunkt des Booms ist es anders herum. Dort haben die „Hartgesottenen" das Geld und die „Zittrigen" die Papiere. Man profitiere in dieser Strategie, so Kostolany, wenn man das Gegenteil von dem tut, was die Mehrheit macht. Hierfür notwendig sind große Disziplin, Mut und viel Erfahrung. In aller Kürze: „Nehmen, wenn die anderen geben wollen, und geben, wenn die anderen nehmen.“

Antizyklisches Investieren kann man systemisch erzwingen. Beispiel: Steigen die Aktien in einem Jahr um 30 % (beispielhafte Anpassungsgrenze), könnte man die Aktienquote antizyklisch reduzieren, z. B. um 20 % (vgl. Kasten: Funktionsweise eines antizyklischen Depots). Gewöhnlich wenden Banken und Vermögensverwalter dieses Prinzip an. Bei vielen Kunden wird bei der Aktienquote eine Obergrenze eingezogen, sagen wir bei 70 %. Diese Obergrenze dient dem Verwalter als obere Benchmark. Wenn die Aktien steigen, steigt – ceteris paribus – auch die Aktienquote. Der Portfoliomanager muss dann regulatorisch eingreifen und verkaufen. Damit nimmt er den Gewinn etwas mit, damit die Aktienquote wieder in den Normbereich fällt. Der Investor verkauft also, wenn es sehr gut läuft und sichert insofern einen Teil des bisher erzielten Gewinns.

Funktionsweise eines antizyklischen Depots

Beim antizyklischen Depot wird die Aktienquote und damit auch der Anteil der Geldwerte je nach Börsenverlauf und nach der alten Kaufmannsregel „Kaufe billig, verkaufe teuer" angepasst. Beispiel: Steigen (fallen) die Aktien insgesamt um mehr als 30 %, könnte man die Aktienquote antizyklisch z. B. um 20 % reduzieren (anheben). Liegt die Aktienquote in einem Beispielsfall bei 70 %, machen Renten und die Kasse den Rest aus (30 %). Angenommen, die Börsen steigen im laufenden Jahr, z. B. Aktien um 30 %, Renten um etwa 10 %. Die Aktienquote würde ohne Anpassung dann auf etwa 73 % hochlaufen. Aufgrund der Antizyklik wird jetzt die Aktienquote zu guten Kursen um 20 % nach unten angepasst, sie liegt dann bei etwa 59 %. Damit wird das Depot zu hohen Kursen teilweise abgesichert. Unterstellt, die Aktien steigen auch im folgenden Jahr um 30 % und die Renten bleiben stehen, dann läuft die Aktienquote auf etwa 65 %. Wiederum erfolgt eine Anpassung der Aktienquote nach unten, die Aktienquote geht damit auf etwa 52 %. Falls im dritten Jahr die Aktien um 30 % fallen, die

Renten aber um 10% steigen, sinkt die Aktienquote weiter auf etwa 41%. Jetzt würde eine Anpassung der Aktienquote nach oben auf etwa 49% erfolgen. Steigen die Aktien im Folgejahr um 10%, so entspricht diese Wertentwicklung in etwa einer durchschnittlichen Jahresperformance. In einem solchen Normaljahr erfolgt keine Anpassung. Im Ergebnis bringt dieses antizyklische Investieren im Beispiel auf dem Papier bessere Resultate. In der Praxis bringt stetes Rebalancing jedoch nicht immer den erwünschten Erfolg.

Kritisch zum strategischen Rebalancing: Harvey u. a., Strategic Risk Management, Hoboken 2021, S. 108 ff.

Psychologisch schwierig ist die Antizyklik in einer Börsenkrise umzusetzen. Bei sinkenden Kursen kann die Aktienquote stark fallen. In der Praxis wird die Aktienquote nicht als fixe Vorgabe vereinbart, sondern als Obergrenze, sodass das Depot nicht automatisch angepasst werden muss. Will man bei fallenden Kursen dennoch die Aktienquote hochhalten, verlangt das Nachkaufen von Aktien viel Nervenstärke und ein Urvertrauen in den Markt. Gewöhnlich fällt den meisten Investoren ein Nachkaufen in der Krise schwer. Wenn man für Kunden handelt, also fremdes Vermögen managt, ist ein hohes Maß an Vertrauen der Kunden in das Modell und in die Kompetenz und Erfahrung des Verwalters unabdingbar.

Trendkonzepte als Gegenmodell Das Gegenmodell zum antizyklischen Investieren sind Trendfolgekonzepte, die die Basis der technischen Analyse darstellen. Idee der Trendfolge ist, das zu kaufen, was gerade läuft. In anderen Worten: Was läuft, wird mit hoher Wahrscheinlichkeit weiterlaufen („The trend is your friend"). Nach diesem Ansatz ist es nicht ratsam, gegen den Trend zu handeln, es sei denn, dass es klare Hinweise für eine Trendumkehr gibt. Trendstrategien gibt es in mehreren Differenzierungen. Eine besonders erfolgreiche Variante ist die Momentumstrategie.

Quellen: Kostolany, Kostolanys Börsenseminar, Düsseldorf 1987; Kostolany, Die Kunst, über Geld nachzudenken, München 2000; Kostolany, Kostolanys Bilanz der Zukunft, Düsseldorf 1995; Kostolany, Weisheit eines Spekulanten im Gespräch mit Johannes Groß, Düsseldorf 1996; Heller, Der einfache Weg zum Wohlstand, München 2015, Kapitel III; Harvey u. a., Strategic Risk Management, Hoboken 2021.

Wie die deutsche Wirtschaft läuft und läuft und läuft

Da niemand Kursverläufe berechnen oder vorhersagen kann, ist das antizyklische Modell mit hohen Unsicherheiten behaftet. Letztlich ist es doch Zufall, wer richtig oder wer falsch liegt. Eine viel höhere Chance bietet das dauerhafte Anlegen in einem guten Segment oder prosperierenden Land.

Warum das langfristige Anlegen funktioniert, ist einfach erklärt: Aktien verbriefen in der Regel große Unternehmen, die in der Summe ein gutes Abbild der Weltwirtschaft darstellt. Freilich gibt es auch Unternehmen von nationaler oder internationaler Bedeutung in einem nicht börsenmarktfähigen Rechtskleid. Gerade in Deutschland spielen der Mittelstand, große Familienunternehmen (wie Lidl, Aldi, Würth, Oetker) und öffentlich-rechtliche Unternehmen (Sparkassen, Deutsche Bahn, Messen, Stadtwerke) eine zentrale Rolle. Auch große Unternehmen in Trägerschaft von Stiftungen (wie Bosch, Bertelsmann) oder in der Rechtsform von Genossenschaften und Versicherungsvereinen (Volksbanken Raiffeisenbanken, Edeka, Debeka, Signal Iduna) können bedeutend sein. Trotz dieser Besonderheiten spiegelt die Börse die Wirtschaft und deren Kraft gut wider, gerade in den angelsächsischen Ländern.

Seit etwa 250 Jahren wächst die Wirtschaft rasant. Gerade Deutschland ist bekannt für seine beispiellose Entwicklung. Vor einhundert Jahren war die Situation in unserem Land trostlos. Deutschland wurde nach einem jahrelangen Stellungskampf an der deutsch-französischen Grenzlinie am Schluss als alleiniger Verlierer des Ersten Weltkrieges bestimmt und sollte die Zeche zahlen, infolgedessen die Währung zusammenbrach. Fünf Jahre später brach die Weltwirtschaftskrise aus. Hunger und Arbeitslosigkeit waren an der Tagesordnung. Im Vergleich zu unseren Verhältnissen heute waren die sozialen Verhältnisse elend. Ein vermeintliches Zwischenhoch gab es in der Nazizeit, das 1939 in die Katastrophe des Zweiten Weltkrieges führte. 1945 lag Deutschland ausgelaugt und ausgebombt in Trümmern. Die Idee der Siegermächte war, Deutschland abzuwirtschaften. Nie wieder sollte es wirtschaftlich stark sein, nie wieder sollte Deutschland fähig sein, einen Krieg anzuzetteln. Aus Angst vor den Russen und dem Überschwappen des kommunistischen Systems kam es anders.

Mit Hilfe des Marshallplans wurde die deutsche Wirtschaft wiederaufgebaut. 1948 gab es wie 30 Jahre zuvor eine neue Währung. Wer Geld hatte, verlor wieder einmal sein Erspartes. 1950 lag die Arbeitslosigkeit noch oberhalb von zehn Prozent, für zehn frische Eier musste man etwa zwei Stunden arbeiten. Gegen große in- wie ausländische Widerstände führten Kanzler Konrad Adenauer (1876 bis 1967) und sein Wirtschaftsminister Ludwig Erhard (1897 bis 1977) die soziale Marktwirtschaft ein, deren Grundlage eine Denkschrift Freiburger VWL-Professoren von 1942 zur Vorbereitung einer funktionsfähigen Wirtschaftsordnung der Nachkriegszeit war. Eckpfeiler dieses Wirtschaftsmodells war die Garantie von Wettbewerb und Privateigentum, stabiles Geld und freie Preisbildung sowie die Prinzipien von Solidarität und Verantwortung. Die Rolle des Staates besteht in der Wirtschaftspolitik vor allem darin, die Spielregeln aufzustellen und deren Einhaltung zu garantieren. Zudem sollten föderative und demokratische Staatsstrukturen eine Machtkonzentration verhindern.

Das Modell ging auf: Deutschland erholte sich, die deutsche Wirtschaft wuchs schnell und wurde zum Motor der Europäischen Union. Das zerstörte Land, das in einem fürchterlichen Krieg sechs Jahre lang die Welt in Schach gehalten hatte, zählte binnen zwei Jahrzehnten wieder zu den führenden Industrienationen der Welt. In den letzten siebzig Jahren lag das reale Wachstum bei knapp 3% pro Jahr, in den ersten zehn Jahren der Bundesrepublik lag das Wachstum sogar bei über 5%. Das Pro-Kopf-Einkommen verzwanzigfachte sich. 1950 lag es etwa bei 1.500€ p.a., heute bei etwa 37.000€.

Vom ehrbaren Kaufmann zum schnellen Manager Seit dem 12. Jahrhundert kennt man in Deutschland das Bild vom ehrbaren Kaufmann. Sein Ziel sind langfristig gute Beziehungen getreu der Losung: „Gute Qualität währt länger als die Freude über ein schnelles Ergebnis.“ Im Bankwesen kennt man den Bankier als einen Menschen, der die Kunst des geduldigen Zuhörens beherrscht. Er überlegt reiflich, zielt auf gute Geschäfte und sucht seinen Nutzen in der Beständigkeit einer Beziehung. Leider sind viele moderne Manager nicht von diesem Holz: Sie wissen alles schon und brauchen nicht zuhören. Sie sind auch in der Umsetzung von Maßnahmen schnell und fix in der Delegation von Verantwortung. Bei Misserfolg sind sie ganz schnell wieder weg. Ihr Merkmal: Sie zielen auf das schnelle und ganz große Geschäft ab, Statussymbole sind ihnen wichtig. Die Auswüchse dieses Verhaltens haben wir in der Krise des Neuen Marktes und in der Finanzkrise gesehen. Große finanzielle Schäden sind die Folge, weitere Exzesse und auch Burn-outs. Schnell sein und dabei Zeit sparen geht eigentlich nicht. Es ist eine Utopie, weil man Zeit nicht hat, sondern jeder in der Zeit lebt. Der Zeitexperte Karlheinz Geissler (*1944) empfiehlt, Zeit zu leben, nicht zu managen. Man kann Uhren besitzen, aber nicht die Zeit. Die Uhr braucht man nur als äußeren Rahmen für eine soziale Ordnung. Für ein zufriedenes Leben braucht man sie nicht.

Quellen: Geissler/Geissler, Time is honey, München 2015.

Den deutschen Aktienmarkt kann man als Spiegelbild der deutschen Wirtschaft ansehen. Der Index hat sich prächtig entwickelt. Rechnet man den DAX und MDAX auf 1950 zurück, so konnte man in den bisherigen 72 Jahren der Bundesrepublik durchschnittlich 10 % p. a. Rendite erwirtschaften. Wer 1950 einen Euro (damals knappe zwei DM) in die zwei deutschen Indizes investiert hätte, der könnte sich heute über etwa 1.000 € freuen – der tausendfache Multiplikator beschreibt eine unglaubliche Wertentwicklung!

Noch ein Hinweis ist wichtig. Diese Zeit war alles andere als golden, die Welt nach dem Zweiten Weltkrieg war weder politisch, wirtschaftlich noch ökologisch stabil.

Es gab zwei große Ölkrisen, große militärische Konflikte und einen Kalten Krieg zweier Weltmächte mit ABC-Waffen-Systemen, deren Zerstörungskraft ins Unermessliche reichen. Terrornetzwerke verbreiteten Schrecken und verübten fürchterliche Anschläge. Unfälle mit Unmengen von Öl, der Super-GAU von Tschernobyl und die Nuklearkatastrophe von Fukushima sind Nebeneffekte moderner Energiesysteme. Derzeit wütet weltweit eine Pandemie, ein Virus hält weltweit ganze Systeme in Schach.

Erdrutsche, Überschwemmungen, Hurrikans, Dürre und andere Katastrophen sind sichtbare Zeichen eines anhaltenden Klimawandels. Anfang der 1990er-Jahre brach die Sowjetunion auseinander und es dauerte einige Jahre, bis Russland sich hörbar und gestärkt zurückmeldete. Chinas Politik ist nach innen und außen kompromisslos. Deren Wirtschaft wird seit Jahren straff und mit großem Erfolg organisiert, sodass der Einfluss Chinas und dessen wirtschaftliche Bedeutung wächst und wächst. Immer mehr wird

Napoleons Warnung Realität. Vor zweihundert Jahren soll er Folgendes gesagt haben: „Lasst China schlafen, denn wenn China erwacht, wird die Welt erzittern."

Man sieht: Die letzten Jahrzehnte waren alles andere als ruhig und entspannt. Trotz dieser Vorkommnisse zeigen die Daten, dass unruhige Zeiten die Börsen nur temporär erschüttern. Der langfristige Trend der weltweiten Aktienbörsen zeigt seit Jahrzehnten nach oben! Trotz aller Verwerfungen und ganz großer Börsenkrisen wie der Oktoberkrise 1987, dem Platzen der Technologieblase zur Jahrtausendwende und der Finanz- und Schuldenkrise (2008 ff.) erreichen die Aktienindizes immer neue Höchstwerte.

Quellen: Nacken (AGI-Studie), 70 Jahre deutsche Wirtschaft und Aktien, Frankfurt 2020; Heller, Die Wohlstandsrevolution, Düsseldorf 1994; Kostolany, Weisheit eines Spekulanten im Gespräch mit Johannes Groß, Düsseldorf 1996; Kirchhof, Geld im Sog von Negativzinsen, München 2021.

Wohlstand entsteht immer wieder neu

Noch besser als in Deutschland war die Entwicklung in den USA. Der unzerstörbare Optimismus und das ausgeprägte Vormacht- und Renditestreben der Amerikaner treiben die Wirtschaft und die Börsen in der Neuen Welt vor sich her. Anschaulich zeigt der amerikanische Kursindex Dow Jones den positiven Trend (vgl. Abb. 12). In 120 Jahren ist die Wertentwicklung um das Hundertfache gestiegen. Da die Dividenden im Dow-Jones-Index nicht abgebildet werden und die jährlichen Dividendenrenditen in etwa der Inflationsrate entsprechen, ist der Wertentwicklungstrend des amerikanischen Aktienmarktes sehr beachtlich. Die Wertentwicklung ist nicht linear, sondern entwickelt sich dynamisch in Schüben. Es sind immer wieder längere Zeitphasen (vgl. Doppellinien in Abb. 12) zu beobachten, in denen sich über zwei Jahrzehnte die Kurse seitwärts entwickeln und der Anleger im Kern mit der Dividende auskommen muss.

Abbildung 12: 120-jähriger Kursverlauf des Dow Jones Indizes in $ ohne Dividenden (Quelle: Bloomberg)

Gerade Technologiewerte, die sogenannten Big Techs, sind seit gut zehn Jahren die Stars der Börsen, zeichnen eine unglaubliche Kursentwicklung und sind als Technologiewerte nicht alle im Dow-Jones-Index vertreten. Apple, Microsoft, Amazon, Alphabet/ Google und Facebook sind heute die wertvollsten Unternehmen der Welt. Die Börsen bewerten derzeit ein Big Tech allein wertvoller als alle DAX- und MDAX-Werte zusammen. Konkret sind Apple oder Microsoft heute wertvoller als VW, Daimler, BMW, SAP, Siemens, Allianz, Bayer & Co. zusammen.

Auch in Asien gab es in den letzten fünfzig Jahren eine rasante Wirtschaftsentwicklung. Trieb zu Beginn die japanische Wirtschaft an, folgten schnell die „Tigerstaaten" Südkorea, Singapur, Taiwan und Hongkong, später auch Thailand, Malaysia, Indonesien und die Philippinen. Seit dreißig Jahren legt China eine rasante Wirtschaftsentwicklung vor und greift die USA als führende Wirtschaftsmacht an. Mit Alibaba und Tencent mit dem sozialen Netzwerk WeChat haben sich auch in China mächtige Digitalanbieter etabliert.

Derzeit geißelt das Coronavirus die Weltwirtschaft. Ein schnelles Ende der Pandemie ist nicht absehbar. Hinzu tritt der Klimawandel mit einer unvorstellbaren Zerstörungskraft, der mit guten Argumenten als größte Herausforderung für die Menschheit beschrieben wird.

Niemand weiß, wie es genau kommt. Die kleinen und großen Bedrohungen und Herausforderungen unserer Zeit sollten uns nicht verzagen lassen. Es gibt gute Gründe, vorsichtig optimistisch zu sein. Krisen sind Phasen schöpferischer Zerstörungen, in denen Innovationen Umbrüche und Verbesserungen hervorbringen, die langfristig den Wohlstand sichern und vermehren. Die Wirtschaft wird zusammen mit der Wissenschaft unablässig daran arbeiten, innovative Zukunftsmodelle und Spitzentechnologien hervorzubringen, die Lösungswege anbieten.

Erste Schritte eines besseren, nachhaltigeren Wachstums sind erkennbar. Unser Verstand und unsere Erfahrung, der unbedingte Wille nach einer Lösung und der Trieb, das große Geld zu machen, wird Antworten zur Lösung dieser großen Frage liefern. Wie in der Vergangenheit wird sich zeigen, dass reichlich belohnt werden wird, wer gute Lösungen liefert. Investoren, die bereit sind, die Mühe der Suche und Umsetzbarkeit von Innovationen auf sich zu nehmen, werden bei Erfolg eine reiche Ernte einfahren können.

Aktuell ist das bei Pharmahersteller BioNTech deutlich zu sehen. Ganz formal gesprochen liest sich das so: Das Risikokapital wird bei Erfolg seine Risikoprämie einfahren! Dieses Prinzip ist der Kern der Aktienrendite:

Wer Neues erschafft, das der Welt und den Menschen dient, wird mit einer Zusatzrendite belohnt werden. Die Differenz der Rendite von Aktien und risikolosen Staatsanleihen ist die Risikoprämie des unternehmerischen Handelns. Im Schnitt der letzten 70 Jahre waren es pro Jahr drei bis fünf Prozent mehr. In Zeiten disruptiver Umbrüche kann diese Prämie sogar weit darüber liegen.

Ungeachtet der Chancen und Risiken des Klimawandels sind die Bedürfnisse der Menschen unbegrenzt. Mahatma Gandhi (1869 bis 1948) hatte recht, wenn er sagt, dass es im Leben Wichtigeres gibt, als beständig den Wohlstand und die Geschwindigkeit zu erhöhen. Wachstum wird es trotzdem geben. In vielen Länder der Welt ist der Wunsch nach einem modernen Leben, nach Frieden, Bildung, medizinischer Versorgung, Trinkwasser und gesunder Ernährung und auch nach Luxus ungebrochen stark. Auch in den Industriestaaten entstehen immer neue Bedarfe – wirtschaftlicher, digitaler, sozialer, medizinischer Art. Ein Ende des Wohlstandes wird auf lange Sicht nicht erreicht. Im Gegenteil: Solange es

Menschen gibt, wird es Bedürfnisse geben – neue und wiederkehrend alte. Ein Ende des Wohlstandes wird es nicht geben!

Mut zum Einstieg, Geduld mit dem Verkauf

Was hat ein Investor unter diesen Bedingungen zu tun? Wir glauben, dass der Umgang mit Geld und Kapital zu wesentlichen Teilen eine Frage der Zeit ist, und die Praxis zeigt, dass die Zeit für Aktien immer schwierig ist. Kostolanys Rat war hier klar: „An der Börse braucht man Mut zum Einstieg und Geduld mit dem Verkauf." Wer die Zeit mitbringt, für den zahlt sich auch der Mut aus. Der beste Rat ist: Einfach anfangen, zu investieren. Philip Carret (1896 bis 1998), Gründer der Pioneer Fonds und Verfechter der Langfristinvestition, bestätigt diese Erfahrung mit seinem Lebenswerk. Sein Urteil: „Vermögen entsteht am ehesten, wenn man lange Zeit gute Aktien hat. Dieses Vorgehen schlägt aktives Trading."

Zu Carrets und Kostolanys aktiver Zeit waren die Transaktionskosten noch relativ hoch, indexorientiertes Anlegen mit ETF war erst noch in den Anfängen und in Europa noch gar nicht möglich. Heute ist es anders: Jedermann kann langsam und mit sehr wenig Kapitaleinsatz mit dem Investieren beginnen. Mit 50€ die ganze Welt zu kaufen und an dessen Wohlstand teilzuhaben, ist genial und kein Vorrecht mehr nur der Reichen. Johann W. Goethe (1749 bis 1832) sagte: „Wer sichere Schritte tun will, muss sie langsam tun." Wir werden sehen, dass sein Motto „Mein Acker ist die Zeit" auch ein gutes Motto für Aktieninvestments ist. „Zeit macht aus einem Gerstenkorn eine ganze Kanne Bier", heißt es in Lettland, und wir werden noch zeigen, wie groß der Hebel eines kleinen Kapitaleinsatzes sein kann.

In Zahlen ist die Situation folgendermaßen: Nach vielen Untersuchungen sind Aktien die rentabelste Anlageform. Je nach Ein- und Ausstiegszeitpunkt kann man mit Aktien – langfristig und breit gestreut – nominal zwischen 7 und 12% p.a. erzielen, in besonders guten Phasen – wie z.B. in den 1950er- oder 1990er-Jahren – sogar über 15%. Beispielhaft finden Sie die Jahresrenditen des deutschen Aktienindex DAX in Abbildung 13.

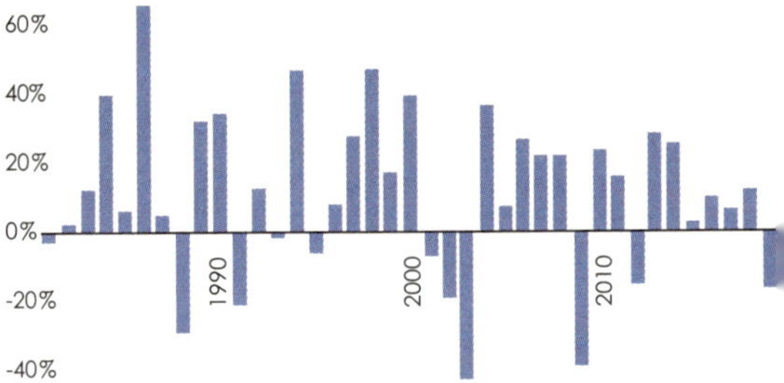

Abbildung 13: Jahresrenditen von deutschen Standardwerten DAX seit 1980 (Quelle: Bloomberg)

Die durchschnittliche Rendite von Rentenpapieren liegt weit darunter. Lange Zeit bewegten sich die Renditen der Rentenpapiere in einem Band von etwa 6 bis 9 %. Seit dreißig Jahren sinken die Renditen, bis heute auf ein Niveau von unter null. Als Anleger ärgern wir uns über Null- und Negativzinsen, weil damit eine Assetklasse mehr wegfällt und eine Vermögensvermehrung ohne Sachwerte schwierig wird. Auch wenn Aktienkurse stark schwanken, rücken Aktien immer stärker ins Zentrum des Assetmanagements.

Rendite und Risiko sind zwei Seiten einer Medaille

Bei einer Geldanlage kommt es entscheidend auf das Risiko an. Rendite und Risiko sind zwei Seiten einer Medaille. Letztlich entscheidet das Rendite-Risiko-Verhältnis. Das Risiko wird bei Wertpapieren rechnerisch durch die Schwankungsbreite (Volatilität) bestimmt. Aktien schwanken etwa 20 % pro Jahr um ihren Mittelwert. Ihr Schwankungsrisiko ist etwa drei bis fünf Mal höher als das von Anleihen (vgl. Abb. 14). André Kostolany erkannte diesen Effekt und fasste diese Erkenntnis in folgenden Ratschlag: „Wer gut schlafen will, soll Renten kaufen, wer gut essen will, muss Aktien kaufen."

Rendite-Risiko-Vergleich p.a.	USA in $	Deutschland in €
Aktien	9 % Rendite, 19 % Risiko	8 % Rendite, 24 % Risiko
Anleihen	6 % Rendite, 6 % Risiko	5 % Rendite, 5 % Risiko

Abbildung 14: Rendite-Risiko-Vergleich von Aktien und Anleihen (1994 bis 2013 in heimischer Währung, Quelle: AGI-Studie, 2014)

Grund für die Schwankungen am Aktienmarkt ist, dass sich die Wirtschaft in Phasen entwickelt und nicht – wie allseits gewünscht – linear. Die Wirtschaft und gerade die Börse ist stimmungsgetrieben. Es gibt Wachstumssprünge, aber auch Krisen, in denen die Aktienkurse leiden und stark fallen. Kurskorrekturen – auch extreme Börsencrashs – sind Teil des marktwirtschaftlichen Systems und treten (leider) immer wieder auf. Meist kommen sie völlig unerwartet und mit großer Wucht. Dieses systemimmanente Risiko lässt sich durch Diversifikation abmildern. Vermeiden lässt sich das systematische Risiko nicht.

Mit einem langfristigen Anlagehorizont kann man Sicherheit erzeugen. Wenn ein Anleger seinen Anlagehorizont von einem Jahr auf zehn Jahre erweitert, so vermindert er sein Risiko um 80 %. Erweitert er seine Anlagedauer auf 20 Jahre, so vermindert sich die Schwankungsbreite um etwa 90 %. Mit zunehmender Haltedauer nimmt das Schwankungsrisiko also stark ab. Rückblickend waren Aktien nach 15 Jahren nominell wertstabil. Investoren waren damit mit Aktien auf der sicheren Seite.

Unser Zwischenergebnis: Nach heutiger Erfahrung kann nach 15 Jahren Haltedauer bei Aktien von einer nominell positiven Wertentwicklung ausgegangen werden (vgl. Abb. 15).

DAX: 1980 bis 2021	Schwankungsbreite p.a.
1 Jahr Haltedauer	-59% bis +81%
5 Jahre Haltedauer	-15% bis +33%
10 Jahre Haltedauer	-3% bis +19%
15 Jahre Haltedauer	+2% bis +16%

Dow Jones: 1980 bis 2021	Schwankungsbreite p.a.
1 Jahr Haltedauer	-47% bis +69%
5 Jahre Haltedauer	-7% bis +34%
10 Jahre Haltedauer	0% bis +21%
15 Jahre Haltedauer	+5% bis +21%

Abbildung 15: Maximale Schwankungsbreiten p.a. im DAX und Dow Jones in Heimatwährung differenziert nach der Haltedauer (Quelle: Bloomberg, eigene Berechnungen Total Return)

Die grafische Darstellung der Schwankungsbreite von Aktien (vgl. Abb. 16) zeigt den Risikoeffekt noch deutlicher. Während statistisch kurzfristig enorme Sprünge bei der Spanne der Wertentwicklung von Aktienmärkten zu verzeichnen sind – die Schwankungsbreite um den Mittelwert der Aktienrendite reicht von -60 % bis +80 % – verdichtet sich das Rendite-Risiko-Verhältnis auf lange Sicht immer mehr. Nach etwa 15 Jahren hat der Investor eine gute Sicherheit auf eine positive Wertentwicklung. Selbst wer zum ungünstigen Zeitpunkt eingestiegen wäre, z. B. vor einem fürchterlichen Crash, würde nach etwa 15 Jahren seinen Einstand wieder erreichen und in die Gewinnzone laufen.

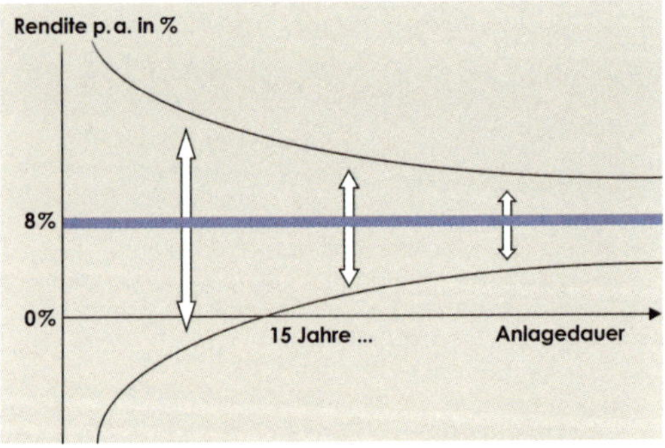

Abbildung 16: Schwankungsbreite von Rendite und Risiko bei Standardaktien in Abhängigkeit von der Anlagedauer (Quelle: Eigene Darstellung in Anlehnung an Siegel, 2006, 41 f.)

30% Verlust wiegen mehr als 30% Gewinn

Wenn die Börse fällt, wird es schwierig, wieder Tritt zu fassen. Nicht nur psychologisch ist es schwer, in dunklen Phasen auf die Zeit zu setzen und zu hoffen, dass sich Lösungen zeigen, sich die Stimmung aufhellt und dass sich die Märkte wieder erholen. Auch mathematisch wiegen Verluste schwerer als Gewinne. Wenn die Börse um 20% fällt (z.B. von 100 auf 80), braucht man 25% Zuwachs, um den Gleichstand wiederherzustellen (von 80 um ein Viertel auf 100). Fällt die Börse um 33%, braucht es schon 50% Zuwachs! Dass es die Wirtschaft und Börse dennoch stets zu neuen Höchstständen schafft, muss man staunend und dankbar zur Kenntnis nehmen.

Das DAX-Renditedreieck zeigt, wie die Zeit Wunden heilt

Aktien schlagen Renten nicht zu jeder Zeit, da sie ihre Überlegenheit erst langfristig ausspielen. Entscheidend für den Anlageerfolg ist der Faktor Zeit, danach kommt der richtige Zeitpunkt. „Time" ist also wichtiger als das „Timing".

Für Anleger, die zum falschen Zeitpunkt eingestiegen sind, mag es ein Trost sein, dass die Zeit auch dazu dient, Kursverluste wieder auszugleichen. Die Volksweisheit „Die Zeit heilt alle Wunden" gilt in besonderem Maße für die Börse. Freilich gilt das nicht, wenn man fokussiert auf eine Idee gesetzt hat, die sich nicht bewährt. Jeder Investor setzt immer wieder auf einen vermeintlich heißen Tipp oder auf eine unausgegorene Idee, ein Pferd also, das leider nicht läuft. In diesem Einzelfall hilft die Zeit nicht. „Wenn das Pferd tot ist, musst du absteigen", sollen Dakota-Indianer in aussichtslosen Fällen gesagt haben.

Da Menschen von Natur aus sicherheitsorientiert sind und lineare Zuwächse bevorzugen, ist ein kurzfristiges Investment in Aktien schwierig. Bei Aktien wird der nervöse Anleger oft bestraft und der Geduldige in der Regel belohnt. Frei nach Wilhelm Busch (1832 bis 1908) könnte man sagen: „Ausdauer wird früher oder später belohnt, meistens aber später."

Das langfristige Rendite-Risiko-Verhältnis von Aktien zeigt das Rendite-Dreieck besonders anschaulich (vgl. Abb. 17). Das Dreieck enthält eine historische Darstellung der jährlichen DAX-Durchschnittsrenditen unterschiedlicher Anlagezeiträume je nach Ein- und Ausstiegszeitpunkt. Die Renditen werden farblich unterlegt, positive Renditen werden grün, negative rot unterlegt. Renditen um Null sind weiß unterlegt (vgl. Abb. 17).

Folgende drei Punkte sind beim DAX-Rendite-Dreieck eindrucksvoll zu beobachten:

1. Die positiven Renditen sind häufiger als die negativen. Im Jahresvergleich liegt das langfristige Verhältnis bei etwa 2,5 zu 1.
2. Die Renditeergebnisse schwanken erheblich – für den DAX im Beispiel zwischen -44% (2002) und +47% (1997) –, oft in Phasen.
3. Je länger die Haltedauer des Aktienkorbes ist (weiße diagonale Treppenstufen), desto geringer wird die Wahrscheinlichkeit eines Wertverlustes. Nach etwa zehn Jahren ist die Wahrscheinlichkeit einer negativen Gesamtrendite gering, nach etwa 15 Jahren Haltedauer ist ein Verlust ausgeschlossen, bei 30 Jahren verdichtet sich die Anlagerendite auf positive Werte von 7 bis 9%.

50 Jahre Aktien-Renditen

Das DAX-Rendite-Dreieck des Deutschen Aktieninstituts

Wenn Sie Ende 1995 DAX-Aktien gekauft und bis Ende 2010 gehalten haben, wuchs Ihr Aktiendepot jährlich im Schnitt um 7,8 Prozent.

Jährliche Rendite in Prozent:

- Positive Rendite
- Rendite um Null
- Negative Rendite

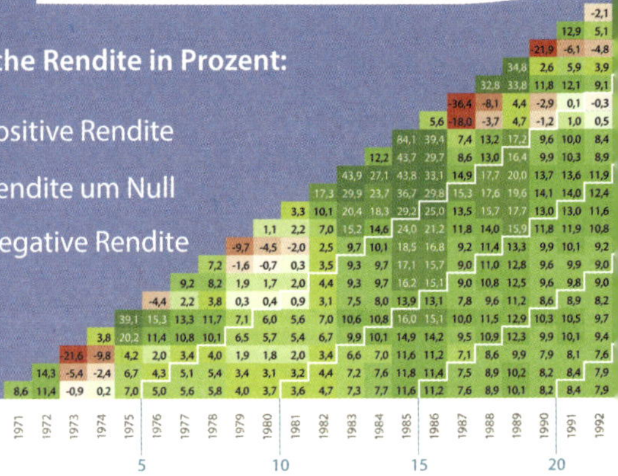

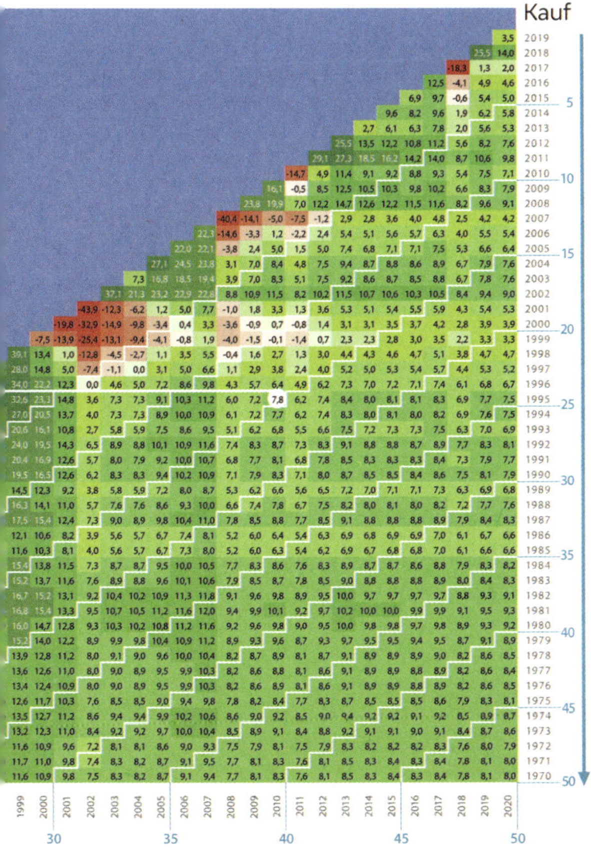

Abbildung 17: DAX-Rendite-Dreieck des deutschen Aktieninstituts (Quelle: DAI)

Strategie der Dauerhaftigkeit

In einer Langfriststudie des US-Marktes geht die Allianz so weit zu sagen, dass Aktien sogar sicherer seien als Anleihen. Entscheidend sei der Zinseszinseffekt, die Definition von Sicherheit und die Dauer der Halteperiode. Über einen Zeitraum von über zweihundert Jahren (1800 bis 2013) wurde die Performance für rollierende Zeiträume (1, 5, 10 und 30 Jahre Haltedauer) am US-Markt gemessen. Definiert der Investor die Sicherheit nicht als bloße Schwankungsbreite der Kurse, sondern als Kaufkrafterhalt, also unter Einbezug der Inflation, so waren US-Aktien ab einer zehnjährigen Haltedauer sicherer als US-Anleihen (vgl. Abb. 18). Auffallend ist, dass US-Staatsanleihen im fünfjährigen Bereich (real) auch erheblichen Risiken unterliegen.

Wertentwicklung p. a. („real" nach Inflation)	Aktien (S&P 500 TR)	Anleihen (10-J-US-Treas. TR)
1 Jahr Haltedauer	-38% bis +67%	-22% bis +35%
5 Jahre Haltedauer	-11% bis +27%	-10% bis +18%
10 Jahre Haltedauer	-4% bis +17%	-5% bis +12%
30 Jahre Haltedauer	+3% bis +11%	-2% bis + 7%

Abbildung 18: Reale Schwankungsbreiten von US-Aktien und Anleihen von 1800 bis 2013 differenziert nach der Haltedauer (AGI-Studie, Aktie, die neue Sicherheit, 2014)

Die „sicheren Wertpapiere" der Nobelstiftung Jedes Jahr werden fünf Nobelpreise gestiftet. Das Stiftungskapital stammt vom Erfinder des Dynamits Alfred Nobel (1833 bis 1896). Nobel hatte verfügt, dass sein Vermögen in „sicheren Wertpapieren" angelegt werden soll, von deren Zinsen jährlich die Preisgelder bezahlt werden sollen. In den ersten Jahrzehnten legte man das Geld vor allem in Staatsanleihen an. Das Problem war, dass der reale Wert des Stiftungsvermögens immer mehr sank, die Stiftungsidee geriet in Gefahr. In Deutschland wäre das Stiftungsvermögen aufgrund zweier Währungsreformen längst vernichtet worden. Die Stiftungsverwalter vollzogen 1953 eine Trendwende und investierten vorwiegend in Sachwerte. Seit Langem machen Aktien etwa die Hälfte des Stiftungsvermögens aus. Der Erfolg war überwältigend. In den letzten 70 Jahren vervielfältigte sich das Stiftungsvermögen. Auch die Preisgelder konnten angehoben werden.

Zusammenfassend gilt für Aktien folgender Erfahrungssatz: Die Risiken von Aktien werden allgemein überschätzt, ihre Renditen unterschätzt. Aktien, gut diversifiziert, sind renditestark, ihr Risiko nimmt mit der Haltedauer ab. Entscheidend für abweichende Renditeergebnisse von Aktien sind Beginn und Ende des jeweiligen Beobachtungszeitraums und noch wichtiger die Anlagedauer. Je langfristiger das Investment, desto unwichtiger werden die Ein- und Ausstiegszeitpunkte. Denn langfristig geht es aufwärts. Das Zeitmaß der Aktie lautet: auf Dauer.

Unser Anlagetipp: Aktien sind kurzfristig riskant – langfristig sind sie es nicht! Aktien sind eine sehr rentable Anlageform. Die Wertentwicklung verläuft nicht linear, sondern in unterschiedlichen Phasen. Nach dreißig Jahren pendelt sich eine stabile (nominale) Rendite in einem Band von 7 bis 10 % ein. Die Langfristigkeit hilft nach unserem derzeitigen System in Deutschland auch, Steuern zu sparen.

Quellen: Bacher, Bankmanagement, Konstanz 2015, 216 ff.; DAI, Studien des Deutschen Aktieninstituts, Heft 6, 1999; Nacken (AGI Studie), Aktie – die „neue Sicherheit" im Depot,

1999; Siegel; Langfristig Investieren, München 2016; Freiberger, Zehn Lehren aus Corona, in: SZ Nr. 113 16./17. Mai 2020; Heller, Die Revolution der Geldanlage, München 2020, Kapitel 5.

Steuerliche Effekte des Zuflussprinzips und des Zinseszinses Warren Buffett hat immer wieder betont, wie stark der Zinseszinseffekt und das Versteuerungsprinzip auf die Wertentwicklung insgesamt wirkt. An einem Beispiel erklärt: Wer 10.000€ in einen Aktienfonds anlegt, 7% p.a. Rendite erzielt und eine Ertragsbelastung (Kapitalertragsteuer, Kirchensteuer, Soli etc.) von 30% hat, kann nach 30 Jahren je nach Steuerprinzip eine völlig unterschiedliche Rechnung aufmachen. Muss man die Rendite jährlich versteuern, so ergeben sich nach 30 Jahren 42.001€, nachdem man 18.654€ Steuern bezahlt hat. Versteuert man erst nach 30 Jahren, so errechnet sich bei 7% Rendite ein Schlusskapital von 76.123€. Der Fiskus erhält 19.837€ (30% vom Zuwachs in Höhe 66.123€), der Investor 56.286€. Also hat der Investor trotz gleichem Steuersatz bei einer nachgelagerten Steuererhebung am Ende 14.285€ mehr zur Verfügung.

05

WEGE ZUM VERMÖGENSAUFBAU

Thomas Manns großer Roman „Buddenbrooks. Verfall einer Familie“ beschreibt den ehrbaren Kaufmann und dessen Prinzipien wie folgt: „Mein Sohn, sey mit Lust bey den Geschäften am Tage, aber mache nur solche, daß wir bey Nacht ruhig schlafen können.“ Der Sohn hält sich streng an diese Maxime des legendären Firmengründers Johann Buddenbrook. Doch sein Enkel Thomas Buddenbrook riskiert erstmals ein Spekulationsgeschäft: Er kauft im Voraus eine noch unreife Getreideernte zum halben Preis. Der Niedergang der Familie beginnt.

Diversifiziert und langfristig investieren und nicht zu gierig sein – das ist die Kunst der Geldanlage. Der Benediktinerpater, Bestsellerautor und Börsianer Anselm Grün (*1945) redet vom „sanftmütigen Investieren“.

Sein Credo: Ein zufriedener Mensch findet das richtige Maß und kann auch mal verlieren. Er mahnt auch beim Geld zur Gelassenheit. Ein großer Anleger bewahrt die innere Freiheit und kann warten.

Warten zu können ist eine Grundvoraussetzung für den Aktienanleger. Eine besondere Verantwortung, aber auch Zufriedenheit kann man daraus schöpfen, wenn man für andere investiert und seine ganze Erfahrung anderen schenkt, wie der Dattelpalmenpflanzer Eliahu in der Wüste.

Der Dattelpalmenpflanzer (nach einer Geschichte von Jorge Bucay) In einer Oase kniete Eliahu, ein weiser Mann, neben ein paar Dattelpalmen. Sein Nachbar, der wohlhabende Kaufmann Hakim, sah Eliahu im Sand graben. „Was tust du hier mit dem Spaten in der Hand?“, fragte der Kaufmann. „Ich pflanze Datteln an“, antwortete der Alte. „Datteln“, wiederholte der Kaufmann und verdrehte so die Augen, wie jemand, der einer großen Dummheit lauscht. „Die Hitze hat dir das Hirn verdörrt, mein Freund. Lass die Arbeit liegen und komm mit mir ins Café, da trinken wir ein Gläschen." „Nein, ich muss erst meine Aussaat beenden. Danach können wir trinken." „Sieh mal, lieber Freund", fing der Kaufmann an zu belehren, „Datteln brauchen fünfzig Jahre bis sie groß sind. Und nur ausgewachsen bringen sie Früchte. Ich wünsche dir nur das Beste. Hoffentlich wirst du hundert Jahre alt. Aber sei dir im Klaren, dass du wohl kaum die Ernte deiner Saat einholen wirst. Lass es also sein und komm mit." Doch Eliahu überzeugte das nicht. „Schau mal: Ich habe Datteln gegessen, die ein anderer gesät hat. Vielleicht jemand, der davon träumte, diese Datteln zu essen. Ich säe heute, damit andere morgen die Datteln ernten können, die ich heute pflanze. ... Und wenn es auch nur zum Dank an diesen Unbekannten wäre, lohnt es sich, meine Arbeit hier zu Ende zu führen." „Du hast mir eine große Lektion erteilt, Eliahu. Lass mich dir diese mit einem Säckchen Münzen begleichen", resümierte der reiche Kaufmann und drückte dem Alten einen Lederbeutel in die Hand. Eliahu dankte seinem Freund: „Du siehst, was geschieht: Du sagst mir voraus, ich werde niemals die Ernte dessen einfahren, was ich gesät habe. Stell dir vor: Noch bevor ich aufgehört habe zu säen, habe ich bereits ein Sack Münzen geerntet und den Dank eines Freundes."

Abwarten gilt nicht, einfach anfangen

Viele Vermögende wissen nicht, wie sie mit dem Familienvermögen umgehen sollen. Die Negativzinssituation setzt sie unter Druck. Aus guten Gründen ist die Vermögensbindung an reine Geldwerte einseitig und nicht zielführend. Jammern bringt wenig, verpassten Gelegenheiten hinterherzulaufen ist keine gute Strategie. Es ist allzu menschlich, dass Anleger abwarten und den Zeitpunkt verpassen. Sei es, weil sie auf noch günstigere Gelegenheiten hoffen, sei es, weil sie in einer Angstfalle sitzen oder die Anlagesituation einfach zu kompliziert erscheint. Insgesamt sind das keine guten Gefühle. Das ist alles andere als eine gute Ausgangssituation für die Vermögensdisposition.

Angst und Abwarten sind an der Börse schlechte Ratgeber. Investoren und Vermögensverwalter wissen, dass die Bestimmung des richtigen Zeitpunktes für eine Investition immer schwierig ist. Doch klar ist auch: Jeder Weg beginnt mit dem ersten Schritt. Wir haben im vorherigen Kapitel gezeigt, dass die Zeit des Investors größter Helfer ist. Je früher man anfängt, desto leichter geht es! „Morgenstund´ hat Gold im Mund“ heißt es im Volksmund, und „Der frühe Vogel fängt den Wurm.“ Tatsächlich gelten diese Redewendungen nicht nur in der Natur, sondern auch für den Vermögensaufbau.

Tatsächlich stimmt es: Wer früh mit der Vorsorge anfängt, muss weniger sparen, um auf das gleiche Ergebnis zu kommen. An einem Beispiel erklärt sich das so: Fanny Früh beginnt mit 20 Jahren vorzusorgen. Monatlich zahlt sie zehn Jahre lang in einen Aktiensparplan ein. Nominal summieren sich ihre Sparraten also auf 12.000 €. Nach zehn Jahren setzt sie die monatlichen Zahlungen aus und lässt den Zinseszins für sie arbeiten. Unterstellt, der Fonds bringt jährlich eine Rendite von 6 %, kann Fanny mit 65 über 120.000 € verfügen. Ihr Freund Stefan Später fängt mit denselben Sparraten erst mit 30 Jahren an und erzielt nur etwa 67.000€. Er erzielt damit nur 56% des Vermögens seiner Freundin. Der Zinseszinseffekt belohnt das lange Ansparen mit ungeheurer Kraft.

Der Zinseszinseffekt, das achte Weltwunder

Der Mensch denkt linear, nicht progressiv. Geometrische Reihen kommen in der Natur selten vor. Allenfalls von der Pandemie kennen wir das. Albert Einstein (1879 bis 1955) wusste um dieses Phänomen. Auf die Frage nach der stärksten Kraft im Universum antwortete er spontan: „Das ist der Zinseszins." Bildlich gesprochen geht es beim Zins um die Früchte, beim Zinseszins um die Früchte der Früchte. Wer also ein Huhn hat, kann seine Frucht, die Eier, essen. Man kann aber die Eier auch ausbrüten, also „wieder anlegen", und die Eier der daraus entstandenen Hühner erneut ausbrüten, bis man genügend davon hat und erst dann mit dem Essen beginnen. Freilich geht auch jede Kombination.

Da Aktien auf lange Sicht einen Renditevorsprung gegenüber allen anderen Anlageformen haben, passen Zinseszins und Aktien gut zusammen. In Amerika gibt es eine gute Datenlage über alle Anlageformen. Nach einer Studie von Keppler Asset Management konnten dort für den Zeitraum von 1926 bis 2020 folgende Nominalrenditen (jeweils in US-$) erzielt werden:

- US-Aktien (Standardwerte) 10,3 % (10.945)
- US-Staatsanleihen 5,1 % (111)
- Gold 4,9 % (92)
- US-Wohnimmobilien 3,9 % (37)
- Inflation in den USA 2,9 % (15)

Man könnte meinen, dass eine Aktienrendite von 10,3 % p. a. in etwa doppelt so gut ist wie die Rendite von Anleihen in Höhe von 5,1 % oder von Gold mit 4,9 %. Das ist falsch und weit gefehlt. Der Zinseszins zerstört jedes kaufmännische Gefühl! Ein Prozent mehr Rendite pro Jahr bringt in 72 Jahren (72er-Regel) eine Verdoppelung des Vermögens. Hinter den Renditezahlen sehen Sie in Klammern oben den Vervielfältiger. Bei Aktien errechnet sich nach 95 Jahren ein Multiplikator von 10.945 (!), was in etwa einhundert Mal größer ist als bei Anleihen und bei Gold. Aus einem Dollar werden nach 95 Jahren bei einer Aktienanlage in US-Standardaktien mit der Wiederanlage der Dividende vor Steuern und Kosten also etwa 10.945 $. Staatsanleihen und Gold bringen es auf etwa 111 bzw. 92 $. Freilich frisst die Inflation einen großen Teil der Rendite auf. Nach Abzug der Inflation in Höhe von etwa 2,9 % p.a. bleiben bei Aktien netto 7,2 % Rendite vor Steuern und Kosten übrig. Ein einziger Dollar kapitalisiert sich in 95 Jahren auf real etwa 750 $ hoch, bei Anleihen sind es 6 bzw. 7 $. Vor Inflation sind die Werte freilich viel höher (vgl. Abb. 19).

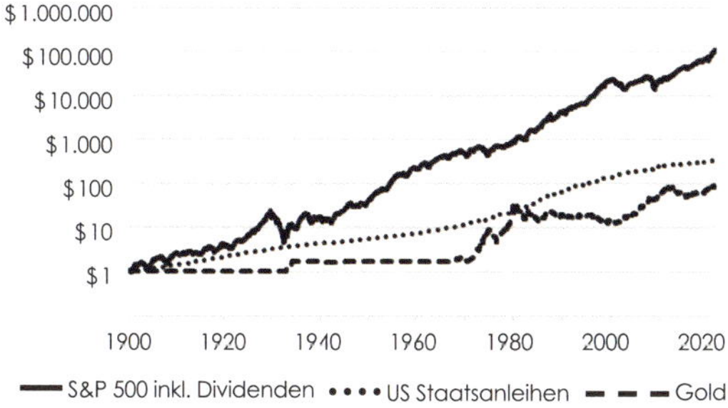

Abbildung 19: 120-jähriger Chartverlauf von amerikanischen Anlageformen (nominal – vor Inflation in US-$). Quelle: Bloomberg, Robert Shiller (Online-Data, Yale University), eigene Berechnungen

Betrachtet man die Wertentwicklung am Linienchart, so ist die Outperformance offensichtlich. Es fällt auf, wie zuverlässig die Aktienrendite langfristig nach Jahrzehnten arbeitet und dabei alle anderen Anlagformen hinter sich lässt. „Lange warten können" zahlt sich aus – je länger, umso besser. Auffallend ist auch, wie unstet der Goldpreis auf Dauer ist.

Unser Aktientipp: Wenn man sich einmal auf Aktieninvestments eingelassen hat, seine individuelle Portfoliozusammensetzung oder Indexauswahl gefunden hat, ist das Aktieninvestment so langweilig wie eine Kapitallebensversicherung, dennoch äußerst lukrativ und sicher!

Zinseszins-Daumenregel: Verdoppelung mit der „heiligen" Zahl 72. Die 72er-Regel zeigt annäherungsweise, nach wie vielen Jahren sich eine Kapitalanlage im Wert verdoppelt. Beispiel: Bei einem Zinssatz von 3 % verdoppelt sich das Kapital etwa in 24 Jahren, bei einem Zinssatz von 7 % etwa in 10 Jahren, bei

1 % in etwa in 72 Jahren. Warum das so ist, kann die Mathematik (noch) nicht erklären.

Regelmäßiges Ansparen und der Cost-Average-Effekt

Ein Problem für viele Anleger ist die mentale Schwierigkeit, den Einstieg in die Aktienanlage zu schaffen. Freilich gibt es stets gute Gründe, ein Vermögen gerade jetzt nicht in Aktien zu binden. Einmal sind die Kurse zu hoch zum Einstieg, ein anderes Mal im Fallen begriffen oder insgesamt zu wankelmütig. Vielleicht stehen Wahlen an, die man abwarten will oder es gibt geopolitische Spannungen oder Krisenherde. Im Ergebnis findet man immer gute Gründe, warum es gerade jetzt nicht passt, in Aktien zu investieren. Viele trauen sich einfach nicht einzusteigen. Meist ist dieses Zuwarten die schlechteste Option.

Das Entscheidungsproblem ist nicht zu lösen, schon gar nicht kann man im Voraus den optimalen Zeitpunkt berechnen. Der Anleger muss einfach den Mut finden einzusteigen. Er benötigt einen Anschub. „Nudging“ heißt das in der Verhaltensökonomik. Da der Mensch prozyklisch agiert, ist es am einfachsten, den Rückenwind hoher Kurse verkäuferisch zu nutzen und den Anleger in dieser euphorischen Phase zum Einstieg zu bewegen. Umgekehrt wäre es zwar besser. Mental ist es aber für die allermeisten Anleger viel schwieriger, Aktien in einer Börsenkrise zu kaufen.

Niemand kennt den richtigen Einstiegszeitpunkt im Voraus. Dieser ist erst im Nachhinein exakt zu bestimmen. Eine Möglichkeit der Bewältigung dieser Hürde besteht in der Erkenntnis, dass eine lange Haltedauer viel wichtiger ist als der Einstiegszeitpunkt. Eine andere Möglichkeit, die Hürde zu überwinden, ist der langsame, aber regelmäßige Einstieg. Ein Beispiel: Wer 100.000 € Geldvermögen in Aktien umschichten will, kann sofort investieren. Der Anleger geht dann die Chance oder das Risiko ein, den richtigen oder falschen Einstiegszeitpunkt für das Aktienengagement getroffen zu haben. Man kann sich aber auch mehrere Jahre für die Investition Zeit nehmen, zum Beispiel sofort Aktien für 20.000€ kaufen und noch vier weitere Jahresraten in dieser Höhe tätigen. Mit fünf Jahresraten glättet sich das Problem. Das Risiko, mit dem Einstieg voll daneben zu liegen, besteht dann nicht mehr.

Gerade Fondsgesellschaften und Versicherungen stellen das Prinzip „Ratenansparen" verkaufsstark in den Vordergrund. Die Ergebnisse sind eindrucksvoll: Wer monatlich 100€ einbezahlt, konnte in der Vergangenheit mit deutschen Aktien nach zehn Jahren neben dem Erhalt der Einzahlungen in Höhe von 12.000€ (120 x 100€) einen Wertzuwachs von 7.000€ erzielen (vgl. Abb. 20). Das ist viel mehr, als mit Anleihen oder mit offenen Immobilienfonds zu gewinnen gewesen wäre. Nach 30 Jahren ist der Effekt noch deutlicher. Aus 36.000€ Einzahlungen (360 x 100€) summieren sich bei Aktien 122.000€ auf. Investitionen in Anleihen oder Immobilienfonds konnten in dieser Zeit gerade nur die Hälfte erzielen – 62.000€ und 58.000€.

Wertentwicklung von 100€ mtl. Sparplan	Nach 10 Jahren (12.000€ einbezahlt)	Nach 30 Jahren (36.000€ einbezahlt)
Aktienfonds „global"	19.000€	122.000€
Rentenfonds „Mittelläufer global"	13.000€	62.000€
Offener Immobilienfonds	13.000€	58.000€

Abbildung 20: Ertragschancen durch Investmentsparpläne nach Kosten (Stichtag 30.06.2021, Quelle BVI)

Unabdingbar beim regelmäßigen Sparen ist der Konsumverzicht. Ein Sparvertrag übt den Teilverzicht. Wer früh damit anfängt, gewöhnt sich daran und zügelt sein Konsumverhalten. Man kann in ganz jungen Jahren mit kleinen Raten anfangen und diese dann nach und nach steigern. Bei der Gesundheit gelten wie bei der Vorsorge die gleichen Prinzipien. Wer gute Gene bzw. einen großen Kapitalstamm mitbringt, ist im Vorteil. Wichtiger ist jedoch, dass man kontinuierlich an sich arbeitet. Der Pfarrer und Naturheilkundler Sebastian Kneipp (1821 bis 1897) prophezeite: „Wer nicht jeden Tag etwas für seine Gesundheit aufbringt, muss eines Tages sehr viel für die Krankheit aufbringen."

Beim regelmäßigen Ansparen eines fixen Geldbetrages ergibt sich bei Schwankungen der Kurse ein rechnerischer Vorteil – der sogenannte Cost-Average-Effekt. Der Grund für den Vorteil ist, dass bei fixen Sparraten bei hohen Kursen weniger, bei niedrigen Kursen viel gekauft wird. Das führt zu günstigen (durchschnittlichen) Einstandskosten. Je größer die Schwankungen, desto größer ist der Effekt! Steigen die Kurse stetig an, wäre eine frühe Einmalzahlung freilich besser als jeder Sparplan. Da unterjährig die Kurse von Aktien aber völlig unberechenbar steigen und fallen und auch mittelfristig ein Ansteigen der Kurse nicht garantiert ist, bietet sich ein Cost-Averaging beim Anlegen geradezu an.

Vorteile des Cost-Average-Effekts Angenommen ein Anleger investiert in drei Jahresraten je 10.000 € in einen globalen Aktienfonds, insgesamt also 30.000 €. Liegt der Kurs des Wertpapiers bei 10 € und steigt dessen Kurs zwei weitere Jahre lang jeweils um weitere 10 €, dann kosten die Anteile durchschnittlich

20€ ((10 + 20 + 30) / 3), so dass der Anleger auf den ersten Blick 1.500 Anteile erworben hat. Tatsächlich hat er jedoch 1.833 Anteile im Depot – 333 mehr! Der Grund dafür ist, dass er, als die Wertpapiere noch billig waren, mit der ersten Rate gleich 1.000 erwerben konnte. Dann erwirbt er 500 und schlussendlich 333 Anteile. Der durchschnittliche Einstandspreis beträgt 16,37€ und nicht 20€. Der Effekt greift auch bei sinkenden Kursen. Angenommen, die Kurse fallen von 10€ auf 5€ und 3€, dann wäre bei oberflächlicher Betrachtung der Durchschnittskurs 6€ ((10 + 5 +3) / 3). Der Investor müsste danach 5.000 Anteile im Depot haben. Tatsächlich hat er aber 6.333 Anteile, also 1.333 mehr, weil er zu hohen Preisen wenig Anteile erwarb, bei niedrigen Preisen viel. Der durchschnittliche Einstandspreis eines Anteils liegt bei 4,74€ und nicht – wie vermutet – bei 6€. Da der Cost-Average-Effekt sowohl bei steigenden als auch bei fallenden Kursen funktioniert, greift der Effekt bei Schwankungen jeder Art. Nur wenn sich die Kurse gar nicht bewegen, ist der Effekt null. Ein sehr un-

wahrscheinliches Szenario! Wenn die Kurse aber stetig steigen, wäre ein vollständiger Soforteinstieg zu 10€ am besten!
Beachte: Bei Auszahlungen gilt das umgekehrte Prinzip: Man müsste dann gleichbleibende Stückzahlen entnehmen, was bei schwankenden Kursen den unangenehmen Effekt unterschiedlicher Zahlungen mit sich bringt. Um das zu vermeiden, verringert man in der Praxis die Aktienquote umso mehr, je näher die Auszahlungsphase rückt und bindet das Vermögen in schwankungsarme Geldwerte. So werden fixe Auszahlungsraten kalkulierbar.

Unser Aktientipp: Wer sich nicht traut mit einer Summe ganz in Aktien einzusteigen, sollte anfangen, Aktien über mehrere Monate oder Jahre in Raten zu erwerben. Damit glättet sich das Risiko, den falschen Einstiegszeitpunkt zu erwischen. Der Cost-Average-Effekt kann für gute Einstandskurse sorgen.

Quellen: Bacher, Bankmanagement, Konstanz 2015, 320 ff.; Heller, Die Revolution der Geldanlage, München 2020, Kapitel 7 und 10; Naumer (AGI-Studie), Beim Sparen sparen, Frankfurt 2014.

Mit Aktien effektiv die Altersvorsorge sichern

Das deutsche Volk altert dreifach. Es gibt erstens immer mehr ältere Menschen, die zweitens im Verhältnis zu immer weniger Jüngeren stehen und drittens immer älter werden. Menschen leben länger als jemals zuvor in der Geschichte. Mittlerweile gibt es mehr Bürger, die über 55 Jahre alt sind, als darunter. Über 20.000 Menschen sind in Deutschland über 100 Jahre alt, 80 Prozent davon sind weiblich. Noch nie war der Anteil der 15- bis 24-Jährigen so niedrig wie heute. Gleichzeitig gibt es immer mehr ältere Menschen, deren Renten, Pflege- und Krankheitskosten von der erwerbstätigen Bevölkerung mitbezahlt werden müssen. Tendenz weiter stark steigend! Während vor sechzig Jahren noch sechs Erwerbstätige pro Rentner in die Rentenversicherung einzahlten, sind es jetzt gerade noch etwas mehr als zwei.

Der Trend ist klar. Schon heute an die Zukunft zu denken ist überlebenswichtig, denn der Rente droht der Kollaps. Nur durch schmerzhafte Korrekturen in der Rentenformel („Nachhaltigkeitsfaktor“) und durch enorme Staatssubventionen konnte das deutsche Umlagesystem gerettet werden. Selbst mit hohen Staatszuschüssen von weit mehr als 20 % ist die gesetzliche Rentenversicherung für die allermeisten Beitragszahler nicht das allerbeste Geschäft: Ein Kapitalstock wird dort nicht gebildet. Das einbezahlte Kapital wird weder kapitalisiert noch sind die Beiträge individuell geschützt. Sie werden in einem allgemeinen Topf verbucht und gehören somit der Gemeinschaft der Beitragszahler.

Das System allein ist nicht zukunftsfähig und lebt von der Hand in den Mund, das Verhältnis von Rentnern zu Beitragszahlern verschlechtert sich immer mehr. Insgesamt sind die Beitragszahlungen zu gering, die Zahlungszeiträume zu kurz. Noch gravierender ist, dass der Bedarf immer größer und die Bezugsdauer der deutschen Renten immer länger wird. Verwalter ist der Staat, der in regelmäßigen Abständen mittels Reformen das Notwendigste flickt. Die demografischen und sozialen Entwicklungen verursachen seit Jahren eine Finanzierungslücke, die sich immer mehr verschärft. Minijobs ohne Einzahlungen und Ansprüche, Arbeitslosigkeit, lange Ausbildungszeiten und Frühpensionierungen einerseits und die steigende Lebenserwartung sowie Sockelrenten andererseits drücken das Umlagesystem immer wieder an Grenzen. Wahrscheinlich ist, dass die gesetzliche Rente immer mehr nur eine Art Grundversorgung darstellen kann.

Generationenvertrag Der Generationenvertrag bezeichnet das tragende Konzept unserer gesetzlichen Rente in Form eines Umlageverfahrens zwischen den beitragszahlenden und rentenbeziehenden Gruppen. Es sieht vor, dass die jeweils jüngere Generation den Lebensunterhalt derjenigen Menschen garantiert, die nicht mehr arbeiten können. Da die jeweils arbeitende Bevölkerung Beiträge an immer mehr und immer ältere Ruheständler bezahlen muss, kommt das System an seine Grenzen. Man kann das wie folgt veranschaulichen: Man geht in ein Restaurant, in dem ungewöhnliche Regeln herrschen – niemand zahlt dort seine eigene Rechnung, sondern stets die der vorher speisenden Partie. Solange immer gleich große Familien oder Gruppen dort einkehren, die annähernd dasselbe essen und trinken, wäre das gar kein Problem. Wenn aber die vorhergehende Gruppe immer größer ist als die eigene, wird das zum Problem und kann auf Dauer nicht funktionieren. Der Begriff „Generationenvertrag" ist falsch und politisch motiviert. Er gaukelt einen Vertrag vor, den keiner von uns so geschlossen hat. Unser Rentensystem ist ein politischer Konsens, der auf Solidarität abzielt und schon 150 Jahre besteht. Bei seiner Einführung im Kaiserreich 1871 bestand kein großes strukturelles Problem: Die gesetzliche Altersrente wurde damals erst ab 70 Jahren bezahlt. Man arbeitete gewöhnlich ab 14 Jahren in einer Regelarbeitswoche von sechs Arbeitstagen zu je zehn Stunden. Nach Eintritt der Rente lebte man nur noch wenige Jahre. Heute ist das anders. Die Lebenserwartung und der Altersquotient steigen unaufhaltsam. Finanziell wird das zum Problem: Immer weniger Beschäftigte müssen immer mehr Rentenbezieher immer länger mitfinanzieren. Wenn die Babyboomer, das sind die geburtenstarken Jahrgänge zwischen 1955 und 1969, in Rente sind, wird es richtig eng. Der Staat schießt seit Jahren mehr als 20% der Beiträge zu, aktuell sogar 30%. Dieser Zuschuss ist seit Langem der mit Abstand größte Einzelposten im Bundeshaushalt!

Schon lange weiß der Staat, dass das Umlagesystem nicht mehr funktionieren kann. Jeder Rentner merkt, dass die monatlichen Zahlungen eher dürftig sind. Für große Sprünge reicht die Rente nicht, richtig krank darf niemand im Alter werden, pflegebedürftig schon gar nicht. Rentner reagieren sensibel, wenn die Rente noch versteuert werden soll oder der Staat an der Rente schraubt und die Kranken- und Pflegeversicherungsbeiträge weiter ansteigen. Relativ gelassen können Beamte in die Pension gehen, noch gelassener Manager und Mitarbeiter von Großunternehmen mit privater Kranken- und Zusatzversicherung, üppigen Direktzusagen und Betriebsrenten. Für das Gros der Menschen ist es anders. Für sie ist die gesetzliche Rente hochrelevant und neben dem Eigenheim die größte Vermögensposition, die sich im Laufe des Erwerbslebens eines Normalbürgers aufbaut.

Gut vorsorgen für das Alter Trotz aller Errungenschaften einer modernen Gesellschaft ist das Leben nicht einfach. Wirtschaftliche und finanzielle Herausforderungen gibt es zuhauf. Gerade für das Alter sollte man gut vorsorgen. An erster Stelle der Vorsorge steht eine intakte Familie, ergänzt um einen belastbaren Freundeskreis. Wirtschaftlich wäre ein abbezahltes Eigenheim ein gutes Pfund. Leider schafft das nicht einmal jeder Zweite in Deutschland. Die gesetzliche Rente bildet das monatliche Regeleinkommen im Ruhestand. Ideal wäre es, wenn weitere Einkünfte vorhanden wären, z. B. aus Betriebs- und Zusatzversicherungen, Vermietung und Verpachtung und einem soliden Kapitalstock, basierend auf Sachwerten, für Investitionen und für Unvorhergesehenes. Am Schluss noch folgende Erkenntnis: Der Mensch lebt nicht vom Geld allein. Haben Sie Freude, lachen Sie einmal und gönnen Sie sich gelegentlich etwas Besonderes.

Riester hat sich als Rohrkrepierer entpuppt

Seit etwa zwanzig Jahren propagiert die Politik die private Vorsorge und fördert durch mehrere Modelle – z. B. die Riester- und die Rürup-Rente – ein neues, zusätzliches System. Das Kapital wird dabei individuell dem Sparer zugeordnet und kapitalisiert.

Leider hat sich die Riester-Rente als bürokratisches Monster und als Fehlschlag herausgestellt. Auch die Rürup-Rente hat gravierende Schwächen. Die deutschen Vorsorgeprodukte sind viel zu kompliziert und zu teuer. Verlierer ist der Staat, dessen großzügige Förderung versandet. In erster Linie trifft es den sparenden Bürger, weil die Renditen minimal und die Kosten viel zu hoch sind und damit der notwendige Zinseszinseffekt nicht eintritt. Schlussendlich fehlt am Ende das notwendige Kapital.

Der Staat verlangt von den Produktanbietern Kapitalgarantien – das ist der große Webfehler im System. Die Beamten und Interessenvertreter haben ein komplexes System entworfen, das nicht funktioniert.

Offensichtlich wollte niemand den Weg einer aktienbasierten Rente gehen. Im Endergebnis verdarben viele Köche den Brei. Konkret sind laut Gesetz bei der Riester-Rente die Einzahlungen und Staatszulagen laufzeitkongruent zu garantieren. Damit wird etwas Unmögliches verlangt. Aktienkurse haben langfristig einen steilen Aufwärtstrend. Eine punktgenaue Landung ist aber nicht möglich. Kurz- und mittelfristig können die Kurse von Aktien stark schwanken, was einem Garantiegeber große Schwierigkeiten bereitet und den Emittenten zwingt, sichere, allerdings derzeit unverzinste Anleihen zu kaufen.

Die Vorsorgeprodukte nehmen auf die Besonderheiten der Finanzmärkte keine Rücksicht. Im Gegenteil: Im bisherigen Riester-Modell werden Aktien in der fondsbasierten Variante in einer Börsenkrise automatisch verkauft. Damit werden Aktienquoten oft am schlechtesten Zeitpunkt zurückgefahren. Absicherungen und das Verlangen von Garantien schaden dem Vermögensaufbau, sie sind geradezu Gift für die Anlageform Aktien.

Die Rürup- oder Basisrente ist die Schwester der Riester-Rente. Hier fördert der Staat die Vorsorge mit relativ hohen Steuervorteilen. Mehr als 20.000 € pro Jahr können Ledige als Sonderausgaben in Abzug bringen, Verheiratete das Doppelte. Die Verträge sind relativ unflexibel, kompliziert und mit hohen Kosten verbunden. Größter Nachteil: Die allermeisten Verträge basieren auf Zinspapieren. Da Anleihen seit Jahren keinen Zins mehr abwerfen und die Kosten beider Modelle relativ hoch sind, bleibt am Schluss wenig übrig. Bei Riester verzweifelt die Branche mittlerweile an den gesetzlichen Vorgaben. Selbst ein voller Erhalt der Einzahlungen lässt sich nach Kosten nicht darstellen. Frustriert haben viele Produktanbieter ihr Angebot bereits eingestellt.

Riester-Fonds sind teuer, viel zu komplex und ineffizient Marktführer bei den Riester-Fonds ist die Union Investment, die Investmentgesellschaft der Volksbanken Raiffeisenbanken. Die Gebühren schlagen dort einmalig mit Ausgabeaufschlägen von 5% bei Aktienfonds (3% bei

Renten) und einer jährlichen Kostenquote von 1,3% (0,7% bei Renten) zu Buche. Hinzu kommen noch 10€ Kontogebühr pro Jahr. Deka, DWS und andere verlangen ähnlich hohe Entgelte. Leider ist in den zwanzig Jahren seit Bestehen die gewünschte Wertentwicklung nicht eingetreten. Die staatlichen Zulagen in Höhe von etwa vier Milliarden Euro brachten nicht den gewünschten Effekt. Ganz anders ist es in Schweden. Der staatliche Schwedenfonds AP7 ist um ein Vielfaches effizienter und günstiger (vgl. Seite 179). Dessen Wertentwicklung ist enorm, die Kostenbelastung beträgt gerade einmal 0,11% pro Jahr.

Statt Garantien braucht man viel Zeit und den Glauben an die Wirtschaftskraft der Unternehmen. Beides kann ein modernes Gemeinwesen darstellen: Altersvorsorge ist per Definition auf lange Sicht angelegt, Deutschland zählt nach wie vor zu den führenden und innovativsten Industrienationen. Doch was macht die Politik? Seit Jahren kennt man das Problem und die Hürden. Doch die notwendige Reform der Riester- und Rürup-Rente wird verschoben. Wichtige Zeit geht damit verloren. Dabei wäre zu Beginn der Rente ein hohes Kapitalvermögen für jedermann segenreicher und dringender denn je. Mit dem Eintritt in die Rente hätte man Zeit für das Leben, dessen Genuss sich aber nur ein Teil der Gesellschaft leisten kann. Es ist auch kein Geheimnis, dass in den letzten Lebensjahren die Krankheitskosten enorm zuschlagen. Im Schnitt verursachen die letzten zwanzig Lebensjahre eines Lebens mehr Krankheitskosten wie das ganze Leben davor. Der Staat und die Krankenversicherer werden sich schwer tun, diese Kostenlast auf Dauer zu schultern. Bald wird ein Einzelner teure Sonderleistungen nur noch dann in Anspruch nehmen können, wenn er kostenmäßig selbst zuschießt. Bei der Pflege kennen wir dieses Phänomen bereits. Das Kapital wird damit zum Engpass und Erfolgsfaktor einer alternden Gesellschaft.

Quellen: Bundesministerium für Arbeit und Soziales, Forschungsbericht 494 – Altersvorsorge im internationalen Vergleich, Berlin 2017 m.w.N.; Brodesser, Riester-Reform, in: bank und markt 4/2021, 176 ff., Heller, Der einfache Weg zum Wohlstand, München 2015, Kapitel V; Heller, Die Revolution der Geldanlage, München 2020, Kapitel 9.

Private Vorsorge wäre so einfach: Wie man mit 10.000€ eine Million erzielt

Die Lösung der Vorsorge ist eigentlich gar nicht so schwer. Man braucht nur zwei Zutaten: Rendite und Zeit. Die Akkumulation des Kapitals hängt maßgeblich an diesen zwei Faktoren. Seit zweihundert Jahren können wir eindrucksvoll beobachten, dass Aktien gegenüber allen anderen Anlageformen einen deutlichen Renditevorsprung besitzen. Keine andere Anlageform hat auf Dauer eine höhere Ertragskraft. Wer sich traut und investiert, für den sorgt der Zinseszinseffekt dafür, dass sich nach Jahrzehnten viel Endkapital ansammelt, welches dann für eine Rente bereitsteht. Der mathematische Zinseszinseffekt sorgt dafür, dass die Rente lebenslang ausreicht.

Jedermann sollte also frühzeitig mit Aktien für sein Alter vorsorgen. Finanziell eine sehr gute Entscheidung treffen Eltern, wenn sie ihren Kindern und Enkelkindern zur Geburt einen globalen Aktienkorb schenken. Nehmen wir einen schwäbischen Kleinunternehmer als Beispiel, der das Aktiensparen aus eigener Erfahrung kennt und diese Idee auch für seine Familie seit Jahrzehnten einsetzt. Der Unternehmer, mittlerweile 75 Jahre alt, hat seine Nachkommen – Kinder und Enkelkinder – jeweils kurz nach deren Geburt mit einem kleinen Korb globaler Aktien in Höhe von 10.000 € ausgestattet. Sein Sohn ist heute 50 Jahre alt, seine Enkelkinder um die 20. Aus einem ursprünglichen Kapitaleinsatz von 10.000 DM haben sich beim Sohn bis heute 200.000 €, bei den Enkeln 30.000 € angesammelt.

Mit der Vorsorgeschenkung hat der Unternehmer für seine Nachkommen eine sehr weise Entscheidung getroffen. Wie der Dattelpalmenpflanzer Eliahu hat er für seine Familie gut vorgesorgt. In Zahlen liest sich das so: Bei einer geplanten Rendite von 8 % entsteht so bei einem Renteneintritt von 65 Jahren ein Multiplikator von 150, bei 10 % Rendite ein Multiplikator von 490 (vgl. Tab. 21). Ergo: Aus 10.000 € werden aus dem Aktienkorb ein Vermögen in Höhe von 1,5 Millionen bzw. 4,9 Millionen €! Daraus kann man dauerhaft eine stattliche Rente konstruieren. Wird der Eintritt der Rente um drei Jahre nach hinten verschoben, die Rentenzahlungen beginnen erst mit 68, vergrößert sich der Effekt enorm. Bei 8% Rendite werden aus 10.000€ dann 1,87 Millionen€, bei 10% sogar 6,5 Millionen€. Wenn der Anleger eine Rendite von 6% statt 8% erzielen kann, ist der Effekt viel kleiner. Man sieht deutlich, wie der Zinseszins auf lange Sicht 2% Unterschied hebelt!

Kapitalmultiplikatoren nach Jahren bei 6% Rendite		
$1{,}06^{60\ \text{Jahre}} = 33$	$1{,}06^{65\ \text{Jahre}} = 44$	$1{,}06^{70\ \text{Jahre}} = 59$
Kapitalmultiplikatoren nach Jahren bei 8% Rendite		
$1{,}08^{60\ \text{Jahre}} = 100$	$1{,}08^{65\ \text{Jahre}} = 150$	$1{,}08^{70\ \text{Jahre}} = 220$
Kapitalmultiplikatoren nach Jahren bei 10% Rendite		
$1{,}10^{60\ \text{Jahre}} = 300$	$1{,}10^{65\ \text{Jahre}} = 490$	$1{,}10^{70\ \text{Jahre}} = 790$
Rentenbarwert bei 6% Rendite	20 Jahre: 11,5	Ewig: 16,7
Rentenbarwert bei 8% Rendite	20 Jahre: 10	Ewig: 12,5
Rentenbarwert bei 10% Rendite	20 Jahre: 8,5	Ewig: 10

Lesebeispiel: Bei Geburt eines Kindes werden Standardaktien weltweit diversifiziert im Wert von 10.000€ angelegt, um für das Alter vorzusorgen. Sofern die Aktien jährlich durchschnittlich mit 10% rentieren, werden in 60 Jahren daraus etwa 3 Millionen€ (Multiplikator 300). Dieses Kapital kann bei 10% Rendite eine „ewige" Jahresrente von etwa 300.000€, monatlich also etwa 25.000€ speisen (Rentenbarwert von 10).

Abbildung 21: Kapitalmultiplikatoren und Rentenbarwerte

Rechnerisch erhält man die Jahresrente, indem man das angesammelte Kapital durch den Rentenbarwert teilt. Beispiel: Wie gesehen, werden aus 10.000€ bei 8% Rendite in 65 Jahren 1,5 Millionen€. Ein Großteil des Kapitals kann auch noch in der Auszahlungsphase ertragreich investiert bleiben. Von diesem Kapital kann man 20 Jahre lang eine Jahresrente von 150.000€ bedienen, monatlich sind das etwa 12.500€. Eine „ewige Rente" würde sich – modellhaft – jährlich auf 120.000€ oder monatlich 10.000€ errechnen. Da ein Großteil des Kapitals auch noch in der Auszahlungsphase ertragreich investiert bleiben kann, könnten die Auszahlungen tatsächlich noch höher ausfallen.

Zwei Prozent Rendite wirken wie ein dreifacher Hebel Rentiert der Aktienkorb mit 10%, sieht das Beispiel noch wesentlich besser aus: Es sammeln sich in 65 Jahren 4,9 Millionen€ Kapital an. Bei gleicher Rendite würde sich hieraus eine ewige Rente von 490.000€ pro Jahr ableiten lassen. Eine Renditedifferenz von 2% p.a. wirkt sich wertmäßig auf lange Sicht enorm aus und entspricht in etwa dem langfristigen Durchschnitt der Inflation in Deutschland. In anderen Worten: 2 % Inflation sind auf ein Jahr gesehen relativ harmlos, in 65 Jahren wirken 2 % Renditenachteil wie ein dreifacher Hebel! Dieser mathematische Effekt zeigt auch, dass man der Geldillusion nicht unterliegen sollte und langfristig den Kaufkraftverlust nicht unterschätzen darf.

Aus Risikogesichtspunkten sollte man nach etwa 50 Jahren Laufzeit die 100%-Aktienquote sukzessive vermindern, zum Beispiel 20 Jahre lang jedes Jahr um zwei bis drei Prozentpunkte. Damit nimmt man dem Kursrisiko der Aktien rechtzeitig den Wind aus den Segeln. Zu Rentenbeginn darf die Aktienquote noch hoch sein (zum Beispiel 60 %), zumal die Auszahlung nicht auf einmal fällig wird, sondern sich gewöhnlich auf mehr als zwei Jahrzehnte erstreckt.

Schnell an Höhe gewinnen Langfristiges Sparen ist wie Treppenlaufen. Der Zins und Zinseszins agiert wie eine Rolltreppe. Je höher der Zinssatz, desto schneller und besser läuft die Rolltreppe. Bei Nullzins stockt die Mechanik, die Maschine schaltet sich ab. Jetzt müssen die Beine alles alleine schaffen. Bei Negativzins läuft die Rolltreppe auf einmal rückwärts. Um vorwärts zu kommen, muss man sich in dieser Extremsituation richtig anstrengen. Das System wird zur Last.

Quellen: Bacher, Mit Aktien effektiv die Altersvorsorge sichern, in: Barkovic/Runzheimer (Hrsg.), Interdisziplinäre Managementforschung V, Osijek 2009, S. 459–470.

Verfügungsverbote wirken wie ein kleiner Ehe- und Erbvertrag

Die Idee des vorgeschlagenen Vorsorgemodells ist Folgendes: Eltern sorgen sich um ihre Kinder und legen ihnen zur Geburt einen Kapitalstock zur Vorsorge an. Sie bescheren ihren Kindern eine unbeschwerte Kindheit und legen den Grundstein für eine gute Bildung. Als Erwachsene müssen die Kinder aber selbst laufen und sich gegen alle Unbill des Lebens stellen. Im Alter greift dann wieder die Vorsorgeidee der Eltern. Bei lebenslanger Laufzeit würde ihnen ein Millionenkapital als stattliche Rente zur Verfügung stehen. Diese Idee funktioniert aber nur mit dem scharfen Schwert eines Verfügungsverbotes oder mit Rückfallklauseln. Buddenbrooks Verfall der Familie hätte man mit diesem Vorsorgemodell samt Verfügungsverboten zumindest in Hinblick auf die private Vorsorge verhindern können.

Das Aktiensparen wirkt mittels Zinseszinseffekt erst richtig bei langer Haltedauer. Verfügungen in der Laufzeit sind also möglichst zu unterlassen. Damit der Begünstigte nicht bei erster Gelegenheit auf das Kapitalvermögen zugreift, beispielsweise für den Kauf eines Klaviers, Autos, Eigenheims oder bei einer Scheidung, empfehlen sich Rückfallklauseln. Bei den vorgeschlagenen Rückfallklauseln erhält der Schenker das Vermögen mit Zins und Zinseszins bei unerlaubten Verfügungen zurück, z. B. für den Fall der Insolvenz und des Vorversterbens des Beschenkten bzw. bei dessen Scheidung. Indirekt ließe sich damit sogar der Zugewinnausgleich aus diesem Vorsorgekapital bei einer Scheidung des Kindes oder Enkelkindes umgehen.

Die Rückfallklausel wirkt also wie ein kleiner Ehe- und Erbvertrag. Das schützt die Familie auf lange Zeit vor finanziellen Ansprüchen und Klagen Dritter. Nach dem Rückfall könnte der Schenker dem Begünstigten oder dessen Nachkommen das Vermögen erneut zukommen lassen. Wirtschaftlich hätte der Beschenkte damit nichts verloren. Wird der Rückfall bei Schenkung vereinbart, ist er schenkungsteuerfrei. Damit der Rückfall nicht automatisch anfällt, kann ein Umweg über das Eintreffen eines Einschreibebriefs als auslösender Faktor konstruiert werden (vgl. Muster in Abb. 22). Einzelheiten sind mit dem Rechts- und Steuerberater zu beraten und zu entscheiden.

Unverbindliches Muster einer Schenkung mit Rückfallklausel

Die Eheleute X und X („Schenker") schenken ihrer Enkeltochter Z („Beschenkte", vertreten durch deren Eltern ...) zum Aufbau einer privaten Altersvorsorge 10.000 €. Damit sollen alsbald ... Stück Investmentanteile ... auf den Weltindex ... gekauft und erworben werden („Anteil").

Vorbehaltene Rechte, Gegenleistungen: Der Beschenkte ist verpflichtet, den jeweils geschenkten bzw. erworbenen Anteil auf Verlangen mittels Einschreibebrief an die Schenker zurückzuübertragen

- *bei einer Verfügung über den Anteil inklusive des Wertzuwachses ohne vorherige Zustimmung der Schenker vor dem 60. Geburtstag der Beschenkten;*
- *bei Zwangsvollstreckung in den Anteil;*
- *falls ein Insolvenzverfahren über das Vermögen der Beschenkten eröffnet wird oder mangels Masse nicht eröffnet wird;*
- *falls die Beschenkte vor den Schenkern verstirbt;*
- *falls eine Ehe der Beschenkten geschieden wird.*

Jeder Schenker allein kann die Rückübertragung verlangen. Das Verlangen ist schriftlich per Einschreiben mit Rückschein an die Beschenkte zu erklären. Durch das formwirksame Stellen des Rückübertragungsverlangens ist die in dieser Urkunde genannte Schenkung bzw. Übertragung auflösend bedingt. Der Anspruch ist nicht übertragbar und nicht vererblich. Die Rückübertragung hat unentgeltlich zu erfolgen. Den Schenkern ist jederzeit auf deren Verlangen Auskunft zu geben. Die Schenker erhalten ein jederzeitiges Einsichtsrecht in das Depot und zwar jeder für sich allein.

Abbildung 22: Eckpfeiler einer Vorsorgeschenkung mit Rückfallklausel (bitte mit dem Rechts- und Steuerberater beraten).

Was für Eltern ratsam ist, sollte der Staat auch machen

Die Renten- und Gesundheitsfrage ist ein Schlüsselproblem unserer Zeit, das grundlegend angegangen werden muss. Was für Eltern ratsam ist, kann dem Staat nicht schaden. Beide müssen in die Zukunft wirtschaften. Ohne Aktien geht das nicht, so die Erkenntnis dieses Buches. Teile der Politik haben dies erkannt, die FDP ist dabei am weitesten. Sie fordert die Ergänzung des gesetzlichen Rentensystems um eine Aktienrente. Mehrere CDU-Politiker fordern ein Mischsystem, in dem ein Teil der Rentenbeiträge gewinnbringend an den Aktienbörsen angelegt werden. Als Friedrich Merz (*1955) Ende 2018 als Kandidat für den CDU-Vorsitz und möglicher Kanzlerkandidat Aktien für die Vorsorge forderte, erntete er öffentlich große Kritik. Die Idee wurde offensichtlich nicht gut genug verkauft. Auch standen dabei die generelle Kritik um seine Person und sein Amt bei BlackRock im Weg.

Teile der SPD und Die Linke haben die Idee einer Aktienrente bis heute nicht verstanden. Sie wollen weiter auf das bisherige System setzen, die Basis der gesetzlichen Rentenversicherung um Beamte und Selbstständige erweitern und noch leidenschaftlicher umverteilen. Klar ist, dass auch bei Erweiterung der Versichertenbasis die Rentenkasse ohne kräftige staatliche Zuschüsse nicht funktioniert, zumal das eigentliche demografische Problem dadurch nicht gelöst wird. Dass der Kuchen über Rendite und Zeit viel größer wird, hat im linken Lager noch niemand begriffen. Olaf Scholz und die Grünen sind in diesem Punkt weiter. Sie sehen, dass die umlagefinanzierten Rentenmodelle immer mehr in eine Sackgasse laufen und haben die Webfehler bei Riester und Rürup in ihrem Wahlprogramm klar benannt. Sie können sich eine Ergänzung der Rente durch ein kapitalgedecktes System mit klar definierten ESG-Kriterien vorstellen. Auch die Verbraucherzentralen haben die Vorsorgefrage auf dem Schirm und machen sich seit Jahren für ein zusätzliches Aktienvorsorgesparen stark.

Aktien in die Fläche bringen wie in Schweden

Andere Länder sind mit der Vorsorge viel weiter und nutzen den Kapitalmarkt für die Lösung des gesellschaftlichen Problems. Traditionell spielen Aktien bei Versicherungen und Vorsorgeprodukten in den USA und in Großbritannien eine tragende Rolle. In den USA kann man im Vorsorgesystem „401-K" jährlich bis zu 19.500 US-$ steuerfrei mit Fonds für das Alter vorsorgen. In Großbritannien gibt es eine staatliche Rentenversicherung (Umlageverfahren) auf relativ niedrigem Niveau. Seit 2007 gibt es die reformierte Möglichkeit der Betriebsrente NEST, einer staatlichen Organisation. Die Versicherten können aus einer Vielzahl von Fondsmodellen auswählen und die Aktienquote insofern selbst bestimmen. Die maximale Aktienquote beträgt 65 %, die im Rentenalter auf 20 % heruntergefahren wird. In der Schweiz ist die betriebliche Altersvorsorge obligatorisch, in deren Fonds Aktien mit einer Quote von 30 % eingehen. Ähnlich ist es in den Niederlanden. Dort können die Bürger neben einer Grundrente vor allem Einkünfte aus der betrieblichen Altersvorsorge erzielen. Diese basieren zu überwiegenden Teilen auf Fondsprodukten, die am Kapitalmarkt investieren.

Am weitesten mit Aktienrenten sind die skandinavischen Länder. Norwegen ist durch das Öl in der Nordsee reich geworden. Dieser Vermögenseffekt wird über einen staatlichen Aktienfonds clever in die Zukunft getragen. Mit einem Volumen von über einer Billion US-$ setzt der Fonds weltweit Maßstäbe. Jeder Norweger erhält aus dem Fonds derzeit eine monatliche Rente in Höhe von 1.600€. Neben der staatlichen Rente können die Norweger eine zweite Rente aufbauen, die sich auch am Kapitalmarkt orientiert. In dieser Rente werden zwei Prozent des Lohns investiert und in Mischfonds gebunden, die eine jährliche Rendite von 5 bis 6% erzielen.

Klar und einfach ist das schwedische Modell. Nach einem lang diskutierten Reformprozess wurde im Jahr 1999 ein Mehrsäulensystem in Schweden eingeführt, das äußerst erfolgreich und bei der Bevölkerung sehr beliebt ist. Die Schweden müssen 2,5% ihres Bruttoeinkommens in Vorsorgefonds abführen. Dabei können sie zwischen dem staatlichen AP7-Fonds und anderen Fondslösungen wählen. Wer sich nicht entscheidet, landet automatisch beim AP7-

Fonds, was eine gute Wahl ist. Mit 60 Milliarden€ ist der AP7 der größte Aktienfonds Europas. Der staatliche Fonds legt die Einzahlungen komplett in globale Aktien an, bis der Versicherte 55 Jahre alt ist. Ab dann reduziert sich bis zum Alter von 75 Jahren der Aktienanteil zugunsten von Anleihen auf 33%. Insgesamt liegt die Aktienquote des Fonds bei 95%. Der AP7-Fonds zählt nach Fondsratings zu den besten Aktienfonds der Welt und hat mit jährlichen Gebühren von 0,11% extrem niedrige Kosten. Auf teure Verpackungen der Fonds- und Versicherungswirtschaft wird bewusst verzichtet. Eine komplexe Vertriebs- und Verwaltungsorganisation ist nicht notwendig. Die Fondsgesellschaft ist keine Behörde, sondern eine unabhängige staatliche Agentur, bestehend aus 30 Mitarbeitern, die das Fondsvermögen für vier Millionen Schweden äußerst effizient verwaltet. Der Geschäftsführer der Agentur muss dem Parlament jährlich Rechenschaft ablegen.

In den vergangenen zehn Jahren erzielte der Fonds eine Durchschnittsrendite von jährlich mehr als 14%! Kritisch anzumerken ist, dass das Fondsmanagement den Fonds hebeln und die Aktienquote bis zu einer Obergrenze von 135% steigen kann. Bisher hat das der Schwedenrente nicht geschadet. Das kann sich allerdings ändern. Die Bürger von Schweden tragen als Versicherte das volle Marktrisiko, ihr Wohl und Wehe hängt an der Wertentwicklung der Aktienmärkte.

Wie dargestellt sind Aktien renditestark, kurzfristig riskant, langfristig aber sicher. Tatsächlich brach die Schwedenrente nach der Finanz- und Eurokrise 2008 stark ein, fiel aber im Vergleich zu den deutschen Vorsorgeprodukten nie unter den Garantiebetrag der Riester-Rente. Nachdem das System jetzt über 20 Jahre besteht, besticht das schwedische Modell durch Effizienz und Rendite. Je mehr Zeit vergeht, desto mehr drückt der Zinseszinseffekt alle anderen Modelle mit niedrigen Aktienquoten und vermeintlichen Garantiemodellen an die Wand.

Die Kirche hat ein besonderes Zeitmaß Nach dem Christentum ist die Zeit „göttlich", zumal man Zeit nicht kaufen, nicht sammeln oder anhäufen kann. Sie ist nicht im menschlichen Besitz, sie gehört Gott – Alpha und Omega. Deshalb war lange Zeit umstritten, ob man mit der Zeit Geschäfte machen kann, konkret, ob man von anderen Zinsen verlangen darf. Für ein paar Jahrhunderte waren Geldgeschäfte unter Christen gegen Zins verboten („kanonisches Zinsverbot“). Für lässliche Sünden ist im Fegefeuer eine Bußzeit vorgesehen. Richtig kostbar soll die Zeit für Christen im Jenseits sein. Der Mensch soll auf Erden keine Zeit verlieren und alles dafür tun, um im Himmel die göttliche Weite und Unendlichkeit erfahren zu können. Im christlichen Glauben ist die Zeit mit einem „moralischen Schatten“ verbunden. Schon aus Josephs Traum im Alten Testament wissen Christen, dass es magere Zeiten und dann wieder fette Jahre geben kann.

In der konkreten Geldanlage sind Kirchen und Klöster konservativ ausgerichtet und zeigen einen langen Atem. Sie diversifizieren recht gut und verkaufen Grundstücke nur widerwillig. Wenn überhaupt, dann tauschen sie Grundstück gegen Grundstück mit Aufpreis in bar oder geben ein 99-jähriges Erbbaurecht. Das zahlt sich überwiegend aus: Bei einer 99-jährigen Wiedervorlage ist bei einem Sachwert gewöhnlich die Freude einer beachtlichen Wertentwicklung groß.

Quellen: Bundesministerium für Arbeit und Soziales, Forschungsbericht 494 – Altersvorsorge im internationalen Vergleich, Berlin 2017 m. w. N.; ARD-aktuell, Gesetzliche Aktienrente als Ausweg? Vorbild Skandinavien, Sendung und Meldung vom 16.02.2021; Mittnik, Mit Aktien zu sicheren Renten, in: FAZ 10.09. und 13.09.2021; Heller, Der einfache Weg zum Wohlstand, München 2015, Kapitel III; Heller, Die Revolution der Geldanlage, München 2020, Kapitel 9.

Vorschlag für eine neue Deutschlandrente

Nachdem die historischen Daten und Konzepte vorgestellt wurden und andere Länder gute Blaupausen vorlegen, ist es an der Zeit, dass die deutsche Politik den Mut fasst und neben dem gesetzlichen Umlageverfahren ein zweites kapitalgestütztes System aufbaut. Vorgeschlagen wird ein einfaches, unbürokratisches und klares System ohne jede teure Verpackung der Fonds- und Versicherungswirtschaft. Ein Vertrieb und eine teure Verwaltung sind nicht notwendig.

Als Eckpfeiler für eine neue Deutschlandrente schlagen wir folgendes vor:

- Das System setzt auf die Kriterien „Aktienrendite“ und „lebenslange Zeitdauer“.
- Der Staat legt für jedes Neugeborene ein Konto mit einem Geburtsgeld in Höhe von 5.000€ an, das in zehn Jahresraten zu je 500€ effektiv in einen zentralen Deutschlandfonds einbezahlt wird (sogenannte Deutschlandrente 1). Bei Tod des Bürgers – egal aus welchem Grund und zu welcher Zeit – fällt das Kapital der Deutschlandrente 1 an den Staat zurück.
- Jeder Bürger kann auf ein zweites Konto in einem zweiten Fonds (sogenannte Deutschlandrente 2) Einzahlungen leisten (Ziel sind 1.000€ pro Bürger und Jahr). Der Staat schießt für jeden Arbeitnehmer pro Jahr eine Zulage von zehn Prozent (maximal 100€) zu. Konto und Kapital sind vererblich.
- Verwalter der zwei Deutschlandfonds wird eine kleine unabhängige Agentur analog des schwedischen Modells AP7.
- Die Gesamtkostenquote sollte unter 0,2% liegen, zehn Jahre nach Einführung sollte sie sogar unter 0,1% liegen.

- Die Deutschlandrente 1 und 2 sind nachgelagert zu versteuern.
- Die Aktienquote bleibt bei beiden Fonds hoch. Bei der Deutschlandrente 1 stets über 90 %, bei der Deutschlandrente 2 stets über 75 %.
- Die Aktienselektion erfolgt international und anhand von strengen Nachhaltigkeitskriterien (ESG-Kriterien). Der deutsche Aktienanteil könnte bis zu einem Drittel aller Aktien ausmachen, der europäische Anteil sogar bis zu 50 %.

Wenn unser Staat diese Idee sofort aufgreift, würde die deutsche Aktienkultur in sehr kurzer Zeit eine internationale Spitzenposition einnehmen. Der Ausverkauf deutscher Unternehmen würde sich langfristig drehen, innerhalb weniger Jahrzehnte wäre Deutschland neben BlackRock, Vanguard und Allianz sowie den großen Staatsfonds ein wichtiger Globalplayer im Asset Management. Die „Deutschlandrente“ würde leben, Risikokapital würde entstehen und der Kapitalmarkt könnte seine dienende Rolle für ein ganzes Land beweisen. Und am wichtigsten: Die Generationen 2022+ könnten in Deutschland der Rentenfrage relativ gelassen entgegensehen. Im Ergebnis hätte dadurch jeder Staatsbürger mit Eintritt ins Rentenalter relativ sicher ein Millionenvermögen. Damit ließe sich relativ einfach und sicher eine monatliche Rente in einem heute unvorstellbaren Maß darstellen. Das Rentenproblem wäre langfristig gelöst!

Freilich wird es auch im System der Deutschlandrente zu Gerechtigkeitsfragen kommen. Weil die Börsen starken Schwankungen unterliegen, ist es unvermeidlich, dass der individuelle Kapitalstock je nach Einstiegsphase unterschiedlich hoch ist und Verteilungsfragen auf sehr hohem Niveau zu klären wären. So kann es durchaus sein, dass ein Jahrgang zu Beginn einer guten Börsenphase überproportional gut performt und am Ende das Doppelte des Kapitals eines Durchschnittsrentners verbucht. Bei einem anderen Geburtsjahrgang könnte es aufgrund eines schlechten Einstiegs viel schlechter laufen und nur die Hälfte des Kapitals erzielt werden. Hier müsste man ausgleichen. Beispielsweise könnte man eine Kappungsgrenze bei der Rendite bei 10 % einführen oder, noch besser, bei den Topjahrgängen einen Prozentpunkt der Rendite auf die Jahrgänge mit schlechten Renditen umschichten. Im Gegensatz zu den heutigen Rentenproblemen wäre das eine leichte und angenehme Aufgabe für die Verantwortlichen.

Zeit ist der zentrale Faktor

Nach unserer Überzeugung wäre es nur eine Frage der Zeit, bis dieses zweite (aktienorientierte) Rentensystem, die Deutschlandrente, schnell an Bedeutung gewinnt. Innerhalb einer Generation würde es in seiner finanziellen Bedeutung das Umlageverfahren einholen, innerhalb von 60 Jahren toppen. Selbst die Diskrepanz der gesetzlichen Rente zur vergleichsweise viel höheren Beamtenpension würde durch den Akkumulationseffekt in den Hintergrund treten. Durch die stabile Nachfrage nach Aktien würde sich der Aktienmarkt etwas stabilisieren, gerade in Krisenzeiten. Je früher man anfängt, umso mehr dient das System auch den

Bürgern, die jetzt erst ihre Deutschlandrente 2 aufbauen können.

Bis sich das neue System eingeschwungen hat, kostet es viel Geld: Nach dem ersten Einschwingen des Systems in zehn Jahren wären für das Geburtsgeld etwa vier Milliarden € pro Jahr fällig. Etwa die gleiche Summe würde für die Zulagen an die Arbeitnehmer anfallen. Die Zulagen bei Riester und die Steuervorteile bei Rürup könnten auslaufen, die in den letzten zwanzig Jahren ähnlich viel kosteten und leider nicht die gewünschte Wirkung hatten.

Wenn nach der anfänglichen Einschwungphase erste Auszahlungen der Deutschlandrente anstehen, würden daraus erste Steuern zurückfließen, erste Fälligkeiten nach Todesfällen würden im System verbleiben. Nach etwa 60 Jahren würde sich das System über die Steuereinnahmen der Zugewinne und Rückflüsse immer mehr selbst finanzieren. Weiterer Effekt: Im Deutschlandfonds 1 müsste die Aktienquote gar nicht zurückgefahren werden. Es würde reichen, wenn man zehn Jahre vor Rentenbeginn die individuellen Konten nach und nach (nur kalkulatorisch) auf null oder einer geringen fixen Mindestrendite (zum Beispiel 0,5 %) stabilisiert und die Überrendite der Aktien dem System insgesamt gutschreibt.

Zum Kostenvergleich: Der Staatszuschuss für die gesetzliche Rente beträgt jährlich mehr als 100 Milliarden €. Tendenz stark steigend!

Für die Gesellschaft insgesamt wäre die Deutschlandrente auf Aktienbasis ein Segen. Deutschland hätte auf einen Schlag neben einer enormen Vermögensbildung in Geldwerte und Immobilien den Sprung in eine gute Vermögensdiversifikation geschafft. Endlich könnten die Vorteile des Kapitals der Allgemeinheit in voller Breite dienen. Die Klarheit und Effizienz sowie der dienende Charakter der neuen Deutschlandrente wäre beispielgebend. Die Vorteile des Kapitalismus würden dem sozialen System dienen. Und die Börse wäre damit ein gutes Stück weit enttabuisiert.

06

JETZT DIE WEICHEN STELLEN

Im Arabischen gibt es das Sprichwort: „Jeder ist mit seinem Verstand zufrieden, mit seinem Geld aber nicht." Als Wissenschaftler sucht man Erkenntnis, als Fondsmanager Chancen an Finanzmärkten, die von Transparenz und Lauterkeit leben. Auf die Frage, was man einem Anleger für sein Vermögen raten kann, gibt es relativ einfache und etwas langweilige Antworten. „Nicht alle Eier in einen Korb legen – Diversifikation als Prinzip" ist unser erster Rat. Diesem Prinzip haben wir ein eigenes Buch gewidmet. „Geduld und Langfristigkeit" spielen daneben bei Sachwerten eine entscheidende Rolle. Geldanlage ist auch eine Frage der Zeit. Diese Erkenntnis ist Gegenstand dieses Buches.

Im Grunde genommen sind die beiden Forderungen nach Geduld und Diversifikation trivial und langweilig. Doch nur, weil etwas einfach, althergebracht und langweilig ist, heißt es noch lange nicht, dass die Erkenntnisse in der Öffentlichkeit bekannt und umgesetzt werden. „Die hergebrachten Weisheiten sind vor allem deswegen alt geworden, weil sie sich bewährt haben“, fasst es Hanno Beck gut zusammen.

Viele Börsenweisheiten drehen sich um die Nutzung der Zeit. Es muss also viel Weisheit darin stecken. Die geldwerten Regeln sind bei den Deutschen noch nicht angekommen. Sie sparen einseitig, insgesamt unvorteilhaft! Leider ist die Politik in Sachen Vermögensbildung und Vorsorge kein gutes Vorbild. Dabei ist eine alternde Gesellschaft auf einen wachsenden Kapitalstock mehr als angewiesen.

Die Bismarck´sche Rentenversicherung war eine große Errungenschaft, und das System hat 150 Jahre lang gute Dienste erwiesen. Wir möchten dieses System weder kritisieren noch verdammen. Es geht uns bei der Bewertung der Vorsorgesysteme auch nicht um ein Entweder-oder, sondern um einen zusätzlichen zweiten Weg. Wie im Jahr 1949 Konrad Adenauer und Ludwig Erhard gegen große Widerstände die soziale Marktwirtschaft eingeführt haben, wäre es höchste Zeit, zusätzlich zum Umlageverfahren jetzt einen Deutschlandfonds auf Aktienbasis einzuführen. Damit wäre die Aktienanlage auf einen Schlag im Rampenlicht bei allen Bürgern. Für die Gesellschaft wäre das ein Segen, nicht nur aus Gründen der Diversifikation. Viele Erkenntnisse und Modelle zum langfristigen Vermögensaufbau liegen vor, sind erprobt und warten auf Umsetzung. Wir haben sie zusammengetragen und bewertet.

Erkenntnisse zusammengefasst und zur Umsetzung empfohlen

Nachfolgend finden Sie nochmals in aller Kürze unsere Erkenntnisse.

- Die Zentralbanken schleifen seit Jahren das Finanzsystem. Der Zins am (kurzfristigen) Geldmarkt liegt unter null. Mit ihren enormen Anleihekäufen drücken die Zentralbanken weltweit auch den (langfristigen) Kapitalmarktzins. Damit werden die Regeln für das Sparen und für Investitionen auf den Kopf gestellt. Der Sparer wird bestraft, Schuldner werden belohnt.

- Eine ideale Anlageform für alle Fristen und Fälle und mit Rendite- und Bestandsgarantie existiert nicht. Bei negativen Zinsen sind Zinspapiere als zentrale Anlageform langfristig unattraktiv. Aktien und Immobilien rücken als zentraler Vermögensbestandteil in den Vordergrund.
- Das langfristige Aktiensparen kann die Anforderungen des magischen Dreiecks nach Verfügbarkeit, Sicherheit und Rendite gut ausfüllen.
- Saisonale Muster sind an den Finanzmärkten erkennbar. Deren Gründe sind vielfältig und nicht immer offenkundig. An der Aktienbörse sollte man in den Sommermonaten etwas Vorsicht walten lassen. Gute Börsenphasen beginnen oft im November.
- Der Erfolg einer Geldanlage ist zu großen Teilen eine Frage der Zeit. Die Anlagedauer zahlt sich gerade bei Sachwerten aus. Wer Aktien kauft und damit sein Vermögen vergrößern will, muss langfristig denken und viel Geduld mitbringen. Je mehr Zeit ein Anleger mitbringt, umso besser ist das für den Anlageerfolg.

- Mit einem langfristigen Anlagehorizont kann man Sicherheit erzeugen. Wenn ein Anleger seinen Anlagehorizont auf mehrere Jahre erweitert, so vermindert er sein Risiko. Je langfristiger der Anlagehorizont eines Investors ist, desto höher kann die Aktienquote sein. Entscheidend für den Anlageerfolg ist der Faktor Zeit, erst danach kommt der richtige Zeitpunkt. „Time" ist also wichtiger als das richtige „Timing".
- Aktien, gut diversifiziert, sind renditestark. Je langfristiger das Investment, desto unwichtiger werden die Ein- und Ausstiegszeitpunkte. Auf mehrere Jahrzehnte gesehen, lässt die Aktie alle anderen Anlageformen hinter sich.
- Die Wertentwicklung von Aktien verläuft nicht linear, sondern entwickelt sich dynamisch in Schüben. Es sind immer wieder längere Zeitphasen zu beobachten, in denen sich die Kurse seitwärts entwickeln oder sogar korrigieren.
- „Ganz lange warten können" zahlt sich bei einem globalen Aktienportfolio aus Gründen von Risiko und Rendite aus.

- Wer sich nicht traut, mit einer Summe ganz in Aktien einzusteigen, sollte anfangen, Aktien über mehrere Jahre in Raten zu erwerben. Damit glättet sich das Risiko, den falschen Einstiegszeitpunkt zu erwischen. Der Cost-Average-Effekt sorgt für gute Einstandskurse!
- Leider hat sich die Riester-Rente als bürokratisches Monster und als Fehlschlag herausgestellt. Auch die Rürup-Rente hat gravierende Schwächen. Die Renditen sind minimal, der notwendige Zinseszinseffekt kann nicht wirken.
- Das schwedische Rentenmodell AP7 (Aktienquote über 95 %) besticht durch Einfachheit, Effizienz und hohe Rendite.
- Aktiensparen und Altersvorsorge passen bestens zusammen. Vorgeschlagen wird deshalb eine einfache, aktienbasierte Deutschlandrente. Die Deutschlandrente 1 zielt auf ein Geburtsgeld in Höhe von 5.000 €, das jedem deutschen Neubürger ab Geburt in zehn Jahresraten in Aktien angelegt wird. Bei Tod des Berechtigten fällt das Kapital an den Staat zurück. Jeder Bürger

kann auf ein zweites Konto (Deutschlandfonds 2) Einzahlungen leisten. Der Staat schießt für jeden Arbeitnehmer pro Jahr eine Zulage von zehn Prozent zu, maximal 100€ pro Jahr. Dieses Kapital ist vererblich. Die Aktienquote sollte bei beiden Deutschlandfonds sehr hoch sein, die Aktienselektion sollte breit und global anhand von Nachhaltigkeitskriterien erfolgen. Der Anteil deutscher Aktien darf dabei ein Drittel betragen, der europäische Anteil sogar 60%. Die Verwaltung des Deutschlandsfonds muss einfach und effizient erfolgen. Teure Verpackungs- und Garantielösungen schaden enorm.

- Wer es sich leisten kann, sollte innerhalb der Familie ein privates Geburtsgeld für seine Nachkommen in einem globalen Aktienkorb investieren. Ein besseres Geschenk kann man seinen Kindern und Enkeln nicht machen.
- Bei einer geplanten Rendite von 8% entsteht so bei einem Renteneintritt von 65 Jahren ein Multiplikator von 150, bei 10%

Rendite ein Multiplikator von 490 (vgl. Tab. 21 Seite 169). Haben Sie beispielsweise 10.000 € angelegt, werden hieraus 1,5 Millionen bzw. 4,9 Millionen € Vorsorgevermögen! Daraus kann man dauerhaft eine stattliche Rente konstruieren.

- An den Märkten ging es zwar in den letzten Jahrzehnten turbulent zu. Als Stichworte seien genannt: Schwarzer-Montag-1987, Dotcom-Blase mit dem Zusammenbruch des Neuen Marktes, 11. September-Schock, Finanz- und Eurokrise und die Corona-Pandemie. Schlussendlich haben diese weltweiten Krisen der langfristigen Wertentwicklung von Aktien nicht geschadet.
- Inflation ist ein systemisches Risiko, dem schwer zu entkommen ist. Die Historie zeigt, dass langfristig Sachwertbesitzer nach einer Inflations- oder Währungskrise viel besser dastehen als bloße Inhaber von Geld und Geldforderungen.

ZU DEN AUTOREN

Prof. Dr. Urban Bacher ist Kaufmann und Jurist und stammt aus einem mittelständischen Unternehmen. Nach seinen Studien arbeitete er in der bayerischen Genossenschaftsorganisation, zunächst beim Verband, dann als Direktor einer Raiffeisenbank. Seit 1999 ist er Professor für Bankmanagement an der Hochschule Pforzheim. Seit Jahren ist er Aufsichtsrat einer Versicherungsgruppe und (nebenamtlich) Geschäftsführer der FIDUKA Depotverwaltung.

Marco Herrmann ist Betriebswirt und Chartered Financial Analyst (CFA). Seit fast dreißig Jahren ist er im Investmentgeschäft tätig als Analyst und Portfoliomanager bei renommierten Banken und Fondsgesellschaften. Seit 2010 ist er Geschäftsführer und Chief Investment Officer der FIDUKA Depotverwaltung in München.

WICHTIGER HINWEIS/DISCLAIMER

Die Informationen in diesem Buch beruhen auf sorgfältig ausgewählten Quellen. Deren Richtigkeit, Vollständigkeit und Unabhängigkeit kann nicht garantiert werden. Alle hier geäußerten Meinungen sind persönliche Meinungsäußerungen und beruhen auf heutigen Einschätzungen und können sich ohne Vorankündigung ändern. Investieren birgt Risiken. Der Wert einer Anlage und Erträge hieraus können stark sinken oder steigen. Hinweise auf die vergangene Wertentwicklung sind kein Indikator für künftige Ergebnisse und garantieren nicht notwendigerweise positive Entwicklungen in der Zukunft. Gerade die Zukunft ist ungewiss. Es besteht unsererseits keinerlei Verpflichtung, Zukunftsaussagen zu aktualisieren. Es wird keine Haftung für etwaige Verluste aus Vermögensdispositionen übernommen, soweit nicht grob fahrlässig oder vorsätzlich verursacht.

Dieses Buch stellt weder eine Aufforderung oder ein Angebot zum Erwerb, Halten oder Verkauf der genannten Anlageinstrumente oder anderer Produkte dar, noch eine Aufforderung zur Tätigung sonstiger Transaktionen bzw. Rechtsgeschäfte. Die Aussagen in unserem Buch stellen auch keine Empfehlung dar und haben keinerlei Beratungscharakter in irgendeiner Form. Die zur Verfügung gestellten Informationen dienen ausschließlich dem persönlichen oder wissenschaftlichen Gebrauch und zu Informationszwecken. Die diskutierten Anlagemöglichkeiten können je nach persönlichen Anlagezielen und der Finanzsituation für bestimmte Anleger ungeeignet sein. Bevor eine Anlageentscheidung getroffen wird, wird empfohlen, nochmals eine Fachperson beizuziehen. Rechtliche und steuerliche Fragen klären Sie bitte mit Notaren, Rechtsanwälten bzw. Steuerberatern. Bitte beachten Sie, dass die FIDUKA mit den vorgestellten Wertpapieren unter Umständen handelt oder diese Wertpapiere in ihren Fonds bzw. Kundendepots hält.

Geldanlage:
LEGE NICHT ALLE EIER IN EINEN KORB
Diversifikation als FIDUKA Prinzip
Urban Bacher • Marco Herrmann
LEGE NICHT ALLE EIER IN EINEN KORB
Urban Bacher • Marco Herrmann
Frankfurter Allgemeine Buch